絵でわかる
An Illustrated Guide to Microeconomics
ミクロ経済学

茂木喜久雄 著
Kikuo Mogi

講談社

ブックデザイン	安田あたる
カバー・本文イラスト	中村知史

は じ め に

受験生の「声」から生まれたテキスト入門書

　著者はこれまで、20年以上の経済学の指導の中で、受講生から受けた質問や意見をまとめ、「どのような指導法がわかりやすいのか」「1人1人の受講生にとってどのようなやり方で学習を進めれば効率的なのか」を個別に話し合ってきました。そうした中で、経済学の学習で必須であるグラフや数式を始めから使わないで、街や身近な場所の様子を見ながら、ふと疑問に思ったことを経済学の思考でイメージすることを講義の始めに行うようになりました。そのノウハウをまとめたものとして、『らくらく経済学　入門たまご』(週刊住宅新聞社、2011年) を製作し、多くの読者から好評をいただきました。

　本書は、その『らくらく経済学　入門たまご』での試みを、講談社サイエンティフィクの皆さんのご協力を得て、さらにイラストや図表を導入して増強版として再編成したものです。

　不要な学習時間を設けることなく、無理な詰め込み学習の必要もありません。普段着で友達のように接することができる経済学の入門書として進化しました。

全員スタートラインは同じ、ここから勉強を1つ1つ積み上げていきます

　本書を読む前に、なんら準備も予備知識も必要ありません。年齢、学歴、経験、職業も一切無関係です。全員が同じスタートラインにいます。

　本書をあっさり読み終える人もいると思うし、長い時間をかかって読み終える人もいるでしょう。それぞれどちらも勝ち負けはありません。重要なのは、勉強を継続させることです。経済学の面白さに気づき、これからも勉強してみようと思う気持ちを育てることが重要です。そして、このあと問題集を解くにせよ、より本格的な経済学の勉強に進むにせよ、本書の内容を理解していれば吸収速度が格段に上がっているはずです。

　本書が読者の皆さんの夢の実現に向けて、ほんのわずかでも力になれることを熱望してやみません。

茂木経済塾　塾長　**茂木喜久雄**

本書の特色　　全員スタートラインは同じ

本書の目的

　まったく初めて経済学を学ぶ方が、数式やグラフなどの知識もいらず、絵や図表を見ながらミクロ経済学の考え方を身につけることができます。

特色と使い方

　経済学の入門書といっても、その多くはグラフを中心に数式が多量に使われています。本書では、長年の講義を通じて、さまざまな受講生を指導してきた著者ならではのアイディアによって、ほとんど数式に頼らない日常言葉に置き換え、無理な勉強時間も準備する必要もなく、経済学が学べるように構成されています。

ゲームで遊ぶスキルのように、経済学が身につきます。

　勉強ではなく少しゲームのことを連想してみましょう。
　従来は、ゲームをしようとすると、ゲームの時間を用意したり、使用法を覚える必要がありましたが、バーチャルテクノロジーが進んだ今日のゲームは、特にゲームの時間を用意しなくても、少しの空き時間があればいつでもどこでも手軽にプレイできるような、日常生活の中の時間とほぼ完全にシンクロしたものになっています。
　本書では、このゲームのように日常の生活と経済学の勉強をシンクロさせ、「勉強する！」という概念を捨てて、経済学のグラフ、数式、専門用語すらもほとんどわかりやすい日常の言葉に翻訳し、生活の一部になれるように努力しました。
　街を歩きながらでも、経済学的な思考を身に付けることが可能なはずです。

日常的な言葉だけで公務員試験や就職試験まで対応可能

「読む」から「見てわかる」へ

初めて経済学を学ぶ人のために、段階的に経済学的に考え方が身につくように、考え方のプロセス、計算の手順など細かく分割し、イラストや Key Point などのサインを多用しました。

「数式」、「グラフ」から「日常の言葉」へ

経済学で使われる数式やグラフの導入を最小限にして、全くの初学者にも丁寧でわかりやすく、学習のきっかけがつかみやすくなっています。

常に満員になる著者の超人気講義を公開！
「高いところから見下ろす講義」から「友達みたいに話し合う講義」へ

本書の原稿は、多くの受講生のナマの言葉やメールでのやりとりから生まれた言葉がふんだんに使われています。いきなり専門的にならないように効率よく実践へ移行していきます。

日常言葉だけで、実際に本試験の出題レベルの
確認問題まで解けてしまう

おもしろおかしくテキストが構成されているばかりではなく、目標となる試験の合格にも対応しています。確認問題では、公務員試験レベル（就職試験レベル）まで挑戦でき、学習してきたことがどれほど身についたか確認できます。

本書の内容は、公務員試験（就職試験）の教養科目（経済）をクリアできる範囲までとりあげています。専門科目（ミクロ経済学）の合格水準に達するには、さらなる勉強が必要でしょう。しかし、基礎的な考え方が身についているので、より本格的な勉強や過去問集への挑戦に自信をもってとりくむことが可能になるはずです。

絵でわかるミクロ経済学　目次

はじめに　iii

本書の特色　iv

第1部　街を歩いてミクロ経済学を観察しよう　1

Unit 01　機会費用について考えよう　2

  1　最善策を考える　2

  2　大学進学のコストを考える（機会費用）　5

  3　機会費用と国際分業（比較優位）　10

Unit 02　限界費用について考えよう　14

  1　「1個」の費用（平均費用と限界費用）　15

  2　追加費用の特徴（費用曲線の形状）　21

Unit 03　「人件費」という固定費用はなかなか削減できなかった！　26

  1　平均費用とスケールメリット　26

  2　平均費用と多角化（範囲の経済）　31

Unit 04　価格を決めるのは誰だ？　36

  1　ミクロ経済学で使用するツール　37

  2　消費者と生産者（合理的行動）　40

  3　市場の力と価格の決定（均衡価格）　43

Unit 05　どうして政府の介入が必要なのか？　50

  1　望ましい市場の達成（余剰分析）　50

  2　独占市場の余剰分析　54

Unit 06　どんな理由でグラフが動くのか？　59

  1　需要曲線のシフト（代替財と保管財）　59

  2　供給曲線のシフト　63

Unit 07　供給曲線もまたさまざまなタイプがあります　67

  1　供給曲線の傾き　68

  2　価格の変動を抑えるには？（野菜工場と価格）　72

Unit 08　人それぞれの需要曲線がある　75

  1　需要の価格弾力性　76

2　高くてもよい人には高く、安く買いたい人には安く売る（差別価格
　　　　戦略）　79
Unit 09　無料で遊べるゲーム、メーカーは初動の利潤を見逃さない！　83
　　　1　価格差別化ではなく、製品差別化　84
　　　2　ヒット商品はマネられる（短期と長期）　86
Unit 10　ネットショップは、上位表示の争奪戦だった　89
　　　1　「1分きざみ」の価格競争　90
　　　2　他社の行動で自社の行動が決まる（追随と静観）　92

第2部　経済学を勉強するための準備　95

Unit 11　グラフは経済学の最大のツール　96
　　　1　グラフの「傾き」を抜き取って、新たにグラフをつくってみる　97
　　　2　接線の「傾き」　100
　　　3　原点からの「傾き」　101
　　　4　制約条件があるケース　102
　　　5　経済学の問題で1つの値をみつけるパターン　105
Unit 12　やりかたさえわかれば微分は超らくらく　107
　　　1　微分の計算手法　107
　　　2　微分の計算の例　108

第3部　経済理論　113

Unit 13　生産者はどのように利潤最大の生産量を決定するのか？　116
　　　1　費用と収入をグラフに表す　119
　　　2　利潤が最大になる生産量を求める　121
Unit 14　どうして生産者はコスト削減に力点を置くのか？　127
　　　1　平均費用をグラフに表す（準備しておくツール1）　131
　　　2　平均費用に関する知識（準備しておくツール2）　134
　　　3　平均費用と面積の分析　136
　　　4　損益分岐点のグラフ　139
　　　5　固定費用との格闘　141

Unit 15　消費者はどのように効用最大の消費量を決定するのか？　147

　　1　予算制約（財布のなか＝使えるお金）　149

　　2　満足度をグラフ化させる　154

　　3　無差別曲線の傾き（限界代替率）　157

　　4　最適な消費量の決定　160

Unit 16　政策担当者は何を基準に政策を打ち立てているのだろうか？　164

　　1　個別需要曲線・市場需要曲線の導出　165

　　2　市場供給曲線　168

　　3　完全競争市場　169

Unit 17　独占企業はどのように価格を決定するのか？　173

　　1　独占企業の収入　174

　　2　独占企業の利潤最大の生産量　177

Unit 18　税金の力で環境問題を解決します！　183

　　1　共有地の悲劇　184

　　2　有料レジ袋、有料ゴミ袋　186

　　3　外部不経済の内部化政策　187

Unit 19　海外から安い輸入品が入ってきたら？　191

　　1　自由貿易と保護貿易　192

　　2　関税実施後の総余剰　195

索引　198

第1部 街を歩いてミクロ経済学を観察しよう

　第1部では、街のさまざまな様子を観察していきながら、ミクロ経済学の考え方をあてはめ、経済学的な思考を身につけていきます。

　ここで登場する地図は、特殊な街というわけではなく、どこにでもあるような街の例を使っています。それは、普段の暮らしのなかから少しずつ経済学の考え方が抽出できるようになることが第1部での学習目的になるからです。

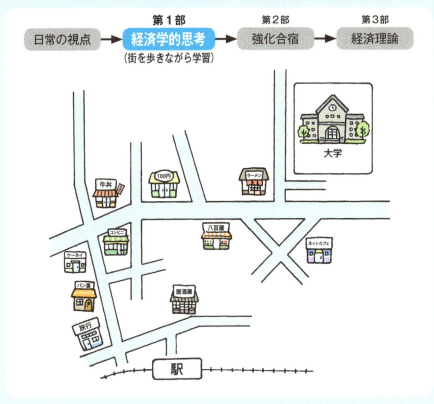

Unit 01 機会費用について考えよう

もしかしたら、選択を間違ったかも？

これから、経済学を学習していくことになりますが、まず、「経済学」の教室から離れた日常生活の空間で、どれだけ私たちがこの「経済学」を使って生活しているのかを確認しながら、少しずつ経済学の思考を身につけていきましょう。

この本を片手に、いつもの通学路を歩いてみましょう。

経済学は、日常生活の中にシンクロしているらしいからね。

1 最善策を考える

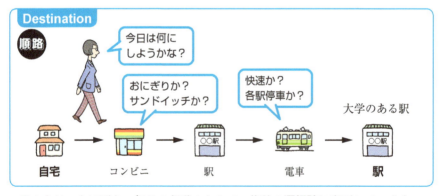

私たちは、なにげない毎日の行動のなかで、複数の**選択肢**に直面しています。

たとえば、大学に通う際に、家から駅に向かい、駅から電車に乗るまでのようすに焦点をあててみましょう。普段は意識をしていなくても、人間の行動というのは、常にさまざまな選択肢に直面していて、そのつど、数量や組み合わせなどを考

え、より快適なものを得ようとしています。

　自分が決定した選択をさかのぼると、そこから経済を見渡すこともできます。

　まず、昼食用の食べ物を買っておこうとコンビニに寄ったとします。おにぎりを買うべきかサンドイッチを買うべきか。ヨーグルトも買うかもしれない。財布の中のお金次第で選択肢も広がるはずです。特売品があればそちらに気持ちがシフトするでしょう。一方、コンビニの経営もこうしたお客の気持ちに対して、でたらめではないはずです。バイトの人数や発注数を試行錯誤し、その注文を受けた業者は、どこから材料を仕入れ、在庫数やキッチンの規模をどれくらいにするか検討しているはずです。ちょっとした買い物でも、お互い、売買に至るまでの選択肢のなかでベストの選択がなされていたはずです。

昨日はコーヒー飲んだから、今日は紅茶にしよう！

紅茶が売れ出した！紅茶の発注量を増やそう！

　大学に早く行くために快速電車を使いました。快速電車というものも、利用する側、それを提供する側それぞれに思惑があります。たとえば、快速電車というのは、停車駅が少ないので高速性が高いのですが、逆に停車駅が少ないので沿線住民の利便性は低くなっています。つまり、高速性を高めれば利便性が低くなるという、**一方を達成すればもう一方が達成できないというトレードオフの関係**にあるといえます。このトレードオフの関係は人々の選択に対して、大きな「縛り」になっていきます。

ジーンズはくと、チノパンははけないから、両者はトレード・オフだね？

　もし、電車が遅れて1限の講義に間に合わないかもしれないと思ったらどのような手段を考えるでしょう？　1限に間に合うような移動の組み合わせ（最適な条件）が達成できない場合、最悪でも2限もしくは3限には確実に間に合うような移動手段を考えるでしょう。この「**最悪でも**」という消極的に選んだ**次善の策**（セカンド・ベスト）は、当初の最適な条件とはまったく異なった手法（たとえばバスに切り替えるとか別の駅を利用するとか、もしくは近親者に不幸があったとウソの申告をするなど）から抽出するかもしれません。

　日常の生活の中で「これでいこう！」と決心したことには、こうしたトレードオフや次善の策を念頭に採用しているはずです。また、出席日数が成績に影響すると教員からいわれたのなら、**インセンティブ**（人間が行動を起こすための欲求を刺激するもの、誘発するもの）が働き、なんとしてでも早起きして授業に間に合うようなライフスタイルに変化すると想定されます。

　このように人間の行動はまるで「一筆書きの絵」のように一方通行の選択肢のなかにあり、それがこれから勉強する経済学の土台となっているのです。

2 大学進学のコストを考える（機会費用）

ステップ 1

普段、歩いている道を経済学の視点に置き換えていきます。

日常の視点 → 経済学の視点
　　　　　　　└ 機会費用

ドキドキだけど、最初の1歩を踏み出そう。

　大学までの道を散策をする前に、大学進学時のことについて考えてみましょう。進路に関して悩む人も多いはずです。

　経済学では第一に、さまざまな選択肢にある**機会費用**という考え方が用意されます。この機会費用という考え方を以下のような典型的な事例を使って説明してみましょう。

　たとえば、大学へ行く場合、一番気にするのは学費という人が多いでしょう。どれくらいの費用がかかるか計算してみてください。一般的に、大学進学コストは、学費や教科書代などさまざまな費用があり、通常はこうした目に見える費用を足し算して算定します。そうすると、たぶん、授業料あたりが大きなウエイトを示すはずですが、経済学ではもっとも大きい費用は機会費用とよばれるものになります。

　この機会費用とは、大学に行かずにその時間を労働した場合にもらえた給料、つまり、「**得られたはずの利益**」のことです。この得られたであろうお金を犠牲にして大学に行くのですから、このお金を加算すると、実際には膨大な経費がかかることになります。ましてや、プロスポーツ選手になって絶好の所得を獲得できる機会を犠牲にして大学に行くのなら、契約金を含め、4年間の選手年俸を含めると大学進学費用はとてつもない高額になるはずでしょう。

　このように、機会費用とは、ある複数の選択肢があったときに1つを選んだことで、犠牲にしなければならない他の選択肢から得られたであろう利益であり、経済学では「**費用**」という位置づけになります。その分が費用（コスト）として加算して考えることになります。

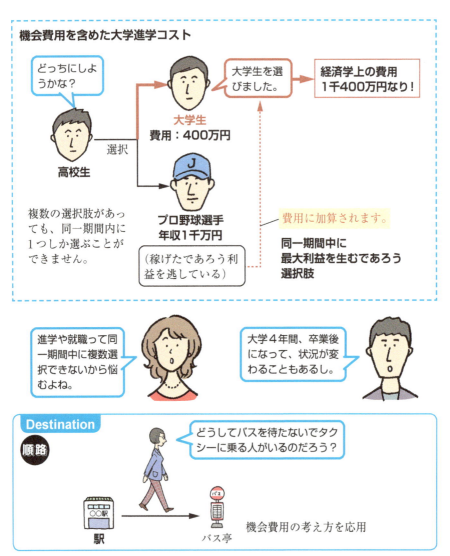

　次に、機会費用の考え方を応用していきましょう。
　駅前にはバス乗り場に隣接してタクシー乗り場もあります。バス停ではある一定時間待たなければなりませんが、バスが遅れているような場合は、タクシー乗り場に移動して、急いでタクシーに乗る人もいます。
　タクシーに乗る場合、バスよりも多くのお金を払わなければなりませんが、10分長くバスを待つのなら、その時間で仕事をしてタクシー代金よりも稼ぐことができる場合、考え方は変わるはずです。バスを待つ時間は無料ではありません。

　さまざまな選択肢のなかで、できるだけ低コストにしたいと考えるのは当たり前です。しかし、機会費用の考えが背景にあれば、単純にバス料金が「安い」とは判断できないことがわかるはずです。

　機会費用の考え方は、大学進学コストだけではなく、たとえばバス停でバスを待っている時間でさえもその考え方を応用することができます。バスを待つ時間はその時間の労働時間と等価なのです。

　たとえば、時給1,000円で働いている人にとって、バスを1時間待つ機会費用は1,000円です。もし、大事な商談があってそれが億単位の契約を結ぶのであれば、バスの待ち時間は億単位のお金と同額になります。それなら、すぐにタクシー代金を支払ってでも早く職場へ急ぐでしょう。

　「時は金なり」です

《参考》会議のコストを経済学的に考えてみましょう。

　会社のなかには会議を多く行うところもあります。確かに、社員で話し合い、意見を出し合って商品を練りだすことは重要なことですが、その時間の費用（コスト）に対して経済学的な判断がなければ、よい商品をつくっても意味がないでしょう。以下のように、機会費用を含めると会議は極めて高コストだと判断できます。

●目に見える費用
会議に必要な経費といえば、資料代、お茶代、その他、他方から出張してくる場合は交通費もかかるでしょう。

●機会費用
　経済学的な思考で考えると、この会議にかかる費用は目に見える費用だけではなく、

機会費用を計算する必要があるのです。会議をしてしまったために犠牲となった利益を、ざっと考えて加算する必要があるでしょう。

①この会議場は、自社なので使用する経費はゼロです。それを会議に使用しないで外部の人に貸せばレンタル収入が見込めたはずなのです。つまり、収益が出ない自社で使用してしまったために、得られたはずの収益を獲得できなかったと考えます（＋レンタル収入を見込んで加算します）。

②この会議に出席するために、社員が仕事ができないという問題が生じます。会議に出席した社員全員でその時間に稼ぐことができたお金をみすみす失った（利益のロス）ことになります（＋社員がこの時間に稼げた営業収入を加算します）。

また、典型的な機会費用を説明する例として、「なぜ、キーボードを打つのが速い弁護士は、自分よりも練度が低い秘書を雇うのか？」というものがあります。もちろん、それは機会費用を考えた

結果であって、弁護士が弁護士業として稼げる時間を文章を入力するなどの事務処理の時間で奪われることを避けるためです。つまり、文章を速く入力するよりもその労働によって犠牲となる利益を最小限に抑えることを優先させたのです。

こうした経済学特有の機会費用は、日常の隙間に潜んだ金鉱のように、発見すれば会社にとって大きな利益にもつながります。

　ちょうど、居酒屋があるので、機会費用を利用したマネジメントを参考にしてみましょう。ここでは、お昼は営業していなかった居酒屋がある時からランチを提供するようになりました。それがびっくりするほど格安で提供できるのですが、どうしてこんなことが可能なのでしょう？

　居酒屋は日中は経営していないので、その時間の機会費用はゼロです（もともと日中に犠牲となる利益は何もなかった）。経済学では通常居酒屋が抱える費用に機会費用を含めて計算されるため、他の定食屋よりも居酒屋のランチのほうが同じ商品でも低コストで提供できるのです。

　しかも、従業員や材料もそのまま居酒屋メニューを流用することが可能です。それなら圧倒的に低コストで優位な商売が可能になるでしょう。

　同じように機会費用がゼロまたは極めて低いビジネスの例として次のようなものがあげられます。

空きスペースを使えば、機会費用がゼロ円でビジネスができる！

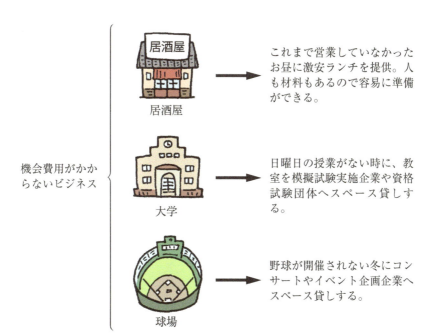

機会費用がかからないビジネス

- 居酒屋：これまで営業していなかったお昼に激安ランチを提供。人も材料もあるので容易に準備ができる。
- 大学：日曜日の授業がない時に、教室を模擬試験実施企業や資格試験団体へスペース貸しする。
- 球場：野球が開催されない冬にコンサートやイベント企画企業へスペース貸しする。

経済記事に「出る文」

SNSによる世界的な情報共有によって、「スペース」を活用するシェアリングエコノミーサービスが普及しています。**シェアリングエコノミーサービス**は「空いた駐車スペース」「空き部屋」「空き家」など機会費用ゼロの資源、つまり、普段の生活で活用していないものを格安提供できるようになり、それらがネットを通じて需要されています。

3 機会費用と国際分業（比較優位）

最後に経済理論にあてはめていきます。

ステップ 3

経済学の視点とビジネスの視点で観察します。

日常の視点 → 経済学の視点 → ビジネスの視点 → 経済理論へ
　　　　　　　└機会費用　　　　　　　　　　　　└分業

機会費用の考えをもっと広げていきましょう。

海外へ旅行すると、いまやどこででも日本の自動車やカメラを見ることができると思います。どうしてこれだけの優れた商品が作られるようになったのでしょう？ そ

れは、世界中の資源のなかで優良なものが日本のメーカーと取引され、それがどんな国の人の欲求をも刺激できるように製品化されているからです。

日本という1国の資源だけでは製品の性能には限界があるはずです。市場から生まれる利益は、こうした国際分業というシステムに裏打ちされているのです。

たとえば、誰しも人間関係を自分の理想通りにすることは難しいと考えるのに、市場で流通している「モノ」はその難しさを簡単にクリアして、自分の期待通りのものがすぐに製品化され、入手できるように機能します。

じつは、この市場メカニズムこそが人類最大の発明、サルからヒトに進化した最

大の功績ともいわれ、そこには**分業**というシステムが根底にあって、資源を効率的に配分し、常にほしいモノが手頃な価格で提供されるようなメカニズムが内在しているのです。分業の効率性をここで簡単に説明しておきます。

どうして貿易（国際分業）が生まれたのか？　これまでの知識を使って考えていきましょう。

プロセス1　鎖国（自給自足）の状況

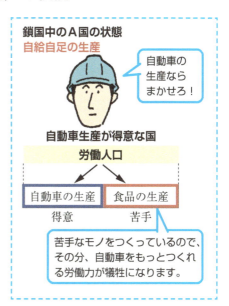

鎖国をしている国では、すべてを自給自足し、それで生活を送らなければなりません。これは、非常に効率が悪く、余裕のある生活はできません。

たとえば、世のなかに食品と自動車しかモノが存在していないと仮定すると、すべての労働人口をこの2つの生産に傾けられます。しかし、自動車の生産が得意で食品をつくるのが苦手な場合、得意の自動車の生産をする労働力が、苦手な食品もつくるために制限されてしまい、結局は全体として非効率な状況になっています。

プロセス2　開放後の状況

鎖国をしている国から、グローバル化し、貿易を開始すると生活は大きく変貌を遂げるはずです。

なぜなら、それまで生活必需品をすべて自国で生産しなければならなかったのに、自分たちが得意なモノにだけ**特化して生産**を行い、自分が消費せずに余った分は**輸出**をして、自分たちが生産するのが苦手なモノと交換（つまり、輸入）することによって、すべての生活必需品をそろえることが可能になるからです。以下の図で説明します。

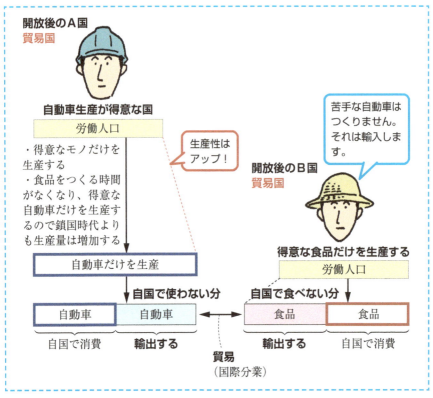

　A国では鎖国をしていれば苦手な食品までもつくる必要があるので、その労働力が自動車の生産から奪われることになりました。

　つまり、A国にとって同一時間内で自動車をつくることがもっとも効率的で、得られる利益も大きいはずなのに、他の選択肢である食品の生産を行ったために、得られたであろう利益をみすみす逃していた状態になっていました。

　しかし、貿易を開始すると、すべての労働力を得意の自動車だけに傾けることができるので、多くの自動車の生産が可能になります（全体の生産性も向上）。さらに、この自動車を輸出して、食品をつくることが得意なB国から食品を輸入すれば（B国は自動車がつくることが苦手なので、貿易開始後は食品だけを生産している）、貿易前よりもお互いの国が多くの自動車も食品も手に入れることができるようになります。

　ここでいう生産が得意だというのは、相手よりも少ない機会費用で生産ができるということで、それにより相対的に低い生産コストで生産が可能なのです。それを**比較優位**といい、この比較優位を持つモノに特化して、各国が分業生産を行った方

がお互いの国にとって望ましいのです。

この機会費用の考え方が前提で貿易が行われていたんですね！

日本が得意の自動車だけ生産したらとんでもない台数の自動車になっちゃうぞ⁉

経済記事に「出る文」

　国際分業というのは、それぞれ国ごとに得意な分野の生産に重点をおき，全体として効率的な生産を行おうというものです。これは単に日本とアメリカにおける自動車と航空機のような完成品の貿易（輸出入）だけでなく、たとえば、半導体のように、日本が半導体製造装置をつくり、部品はシンガポールや台湾がつくり、それを中国で大量に組み立てる、といった工程間の分業も行われています。

Unit 02 限界費用について考えよう

格安航空券で航空会社は経営できるのか？

　前 Unit では機会費用という普段は目に見えない経済学特有の費用について学習しました。ここからは実際に目に見える費用について、経済学的な思考で踏み込んでいきます。

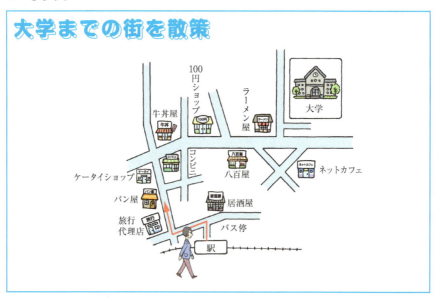

大学までの街を散策

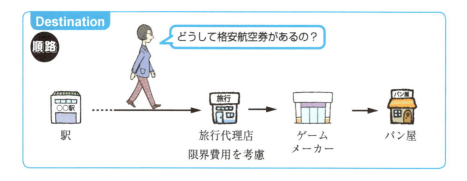

Destination 順路　どうして格安航空券があるの？

駅 → 旅行代理店（限界費用を考慮）→ ゲームメーカー → パン屋

夏休み前や旅行シーズンになると、さまざまなツアーが売り出され、ふと目にとまることも多いでしょう。そのなかには、びっくりするくらいの格安航空券や割引プランのホテルがあることに気がつくはずです。しかも、当日割引のように直前の予約ではさらに激安になるような場合もあります。どうしてこんなに激安にできるのか？　考えていきましょう。

格安航空券を売るウェブサイトは世界中にあるから激戦市場だね。

安すぎる航空券で会社の経営は大丈夫なんだろうか？　赤字覚悟なのかな??

安くできるのは、それなりに「訳あり！」とイメージされるでしょう。たとえば、閉店間際のスーパーやパン屋の半額セールのように、売れ残っては利益がゼロなので、安くてもよいから少しでも売上を計上したいというイメージだろうと考えます。

しかし格安航空券は売れ残り品ではなく、格安であろうが正規運賃であろうが対応は基本的に同じです。ただし、飛行機に空席が残っているとき、そのまま飛ばすよりも、少しでも収入が増えるのなら、乗せないよりも1人でも多くの乗客を乗せたほうがよいのは当たり前です。とはいうものの、タダというわけにはいかないし、利益はなくても構わないというわけではないはずです。そこで、いくらまでなら価格を下げられるのかについて検討する必要があります。

1 「1個」の費用（コスト）（平均費用と限界費用）

コスト、つまり費用というのは、家計簿をつけるように、単純にいえば支払ったお金の合計です。ただし、家計簿とは異なり、生産者の場合、儲けが出ないと商売ができないので、必ず支払ったコストに対して、それを上回る売り上げがなければなりません。数千円という格安航空券といえども、それは決して採算を度外視した奉仕品ではなく、旅行会社が利益計画をもとにつくり出した商品です。このコスト、つまり経済学でいう費用として、平均費用と限界費用を説明していきます。

ステップ 1

普段歩いている道を、経済学の視点に置き換えていきます。

日常の視点 → 経済学の視点
- 平均費用
- 限界費用

平均費用（1個あたりの費用）

　経済学では、支払ったお金すべてを費用とするよりも、1個あたりいくらかかったのか？　航空機の場合だと乗客1人あたりいくらかかるのか？　という見方が採用されます。

　ここで、算数の「平均身長を求めなさい」という計算問題を思い出してみましょう。おそらく全員の身長を足し算して、人数で割り算したはずです。経済学で使う平均費用も同じ手法で計算されます。要はトータルの費用を数量（生産量や人数）で割り算して、1個あたりの費用、1人あたりの費用を求めるという作業です。

　例題を解いてみましょう。格安航空券のある路線では1回のフライトで合計費用（燃料費や着陸費、駐機費、人件費など、運用するコストのトータル）が300万円かかります。その飛行機が100人乗りであれば、航空券は1枚いくらにすれば採算が取れるか計算してみましょう。

合計費用÷人数（乗客）＝1人あたりのコスト（平均費用）

$$\frac{合計費用}{人数（乗客）} = \frac{300万円}{100人} = 3万円$$

1人あたりのコスト（平均費用）

経済学では、割り算は分数の形で表現されます。

　合計費用を乗客数で割り算すれば、1人あたりの費用（コスト）が出ます。これが**平均費用**です。

　この1人あたりの費用（製品1個あたりの費用）、つまり平均費用は、いい換えれば、航空券の価格が平均費用である3万円以上であれば儲けが出ることになり、逆に3万円以下だと赤字になってしまうという損益のポイントになる費用です。

> 1個あたりの費用（平均費用）と1個あたりの収入（価格）が同じであれば、ちょうど採算が合うことになります。このような水準を**損益分岐点**といいます（「1個あたり〜」は、「1人あたり〜」と同義です）。つまり、
> 　平均費用＞価格　であれば赤字
> 　平均費用＜価格　では黒字で経営が可能となります。

> 全体の費用を人数で割り算するので、飛行機はたくさんの人を乗せるほど、平均費用は下がっていきます。ですので、人数が少ないプライベートジェットは当然高くなるんですね！

限界費用（1個追加するごとの費用）

平均という考え方で費用（コスト）を考えることに関してはとくに「経済学」という枠でなくても一般的にイメージされるものだと思います。日常の買い物でもグラムあたりいくらになるか？　という見方をしながら効率的に割安品の買い物をする人も多いでしょう。

それに対してこれから扱う限界費用に関しては極めて経済学的なものになります。

この限界費用の考え方では、平均費用で求めた1人あたり3万円以下の航空券価格だと採算が取れないにもかかわらず、それを実現させることが可能になるからです。

オフシーズンで空席が十分にあるような場合、または運行間近になって空席がある状態だとすると、空席の状態でフライトするよりも、その飛行機に乗りたくても乗れない人、つまり平均費用分の3万円を払うことができない人も乗せた方が航空会社にとっては合理的な判断だと考えられます。

このような場合に、平均費用というモノサシ以外に限界費用という考え方を用意して視点を変えてみることができます。

限界費用というのは、平均費用と同様に1人1人にかかる費用をみるものですが、平均費用は「**1人あたりの費用**」であるのに対して、限界費用は「**1人追加するごとの費用**」です。

たとえば、飛行機の乗客でも全員が同じ費用ではなく、1人目から2人目、10人目から11人目、50人目から51人目では、1人追加するごとにかかる費用が異なるは

ずです。100人乗りの場合には、これを最終的には99人目から100人目にかかる費用をみていくということになります。

１人増やすごとの費用

追加する乗客数と費用の関係をグラフでイメージしてみましょう。もし、乗客１人１人にかかる費用が全員同じなら、グラフは下の費用曲線-1のように、数量に対して同額のお金が足し算されていくはずです。

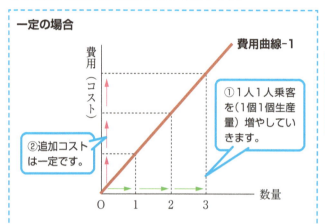

しかし、モノやサービスによっては最初の１つ目の生産までが膨大に費用がかかり、それ以降はほとんどかからなくなってくるものもあります。航空券などの輸送サービスはまさにそれに該当し、費用曲線-2のような形状が考えられます。

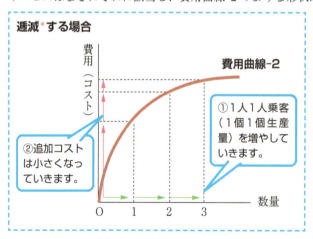

＊逓減（ていげん）とは、総量は減ることはなく少しずつ量や額の増加幅が減ることです。聞きなれない言葉ですが経済学では頻繁に使います。

費用曲線-2の縦軸にある費用（コスト）と、横軸にある数

量の関係を説明します。縦軸の費用（コスト）をみると、最初の1人目が多くかかり、2人目、3人目と追加するごとにだんだんかからなくなってくることが読み取れます。

最初の1人目を乗せるためには飛行機や設備を購入しなければなりませんから、とうぜん費用は大きいですが、2人目を乗せるのに飛行機や設備を購入する必要はなくなります。この追加費用（追加コスト）、つまり限界費用を想定すると、数量が増えるごとに必要とする経費が小さくなっていくことが想定されます。たとえば、多人数であれば機械化して作業できるし、まとめて機内食もつくれるので費用は少なく抑えられます。こうした背景から99人目から100人目にかかる費用（コスト）は極めて小さくなっていると考えます。現場から察すると、実際に追加された費用の内訳は、極端な話、機内で飲むドリンク代やスナック代くらいだったりします。それならば、このドリンク代を回収できさえすればよいので、限界費用を考慮すると、航空券の激安価格を検討することが可能になるわけです。

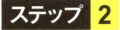

日常の視点 →	経済学の視点 →	ビジネスの視点
	└ 限界費用	└ 限界費用ゼロのビジネス

限界費用を応用したビジネスは、格安航空券に限らず、さまざまなところでみることができます。

たとえば、ソフト会社は、1つのソフトを生産するのに億単位の膨大な開発費用がかかる場合もありますが、限界費用となるとメディア1枚だけの費用になるので数百円単位まで下がってしまいます。さらに、ダウンロードが可能で

あれば、せいぜいサーバー費用くらいになるでしょう（つまり、インターネット社会は限りなく限界費用をゼロにさせていく可能性を持っているのです。）

ダウンロード数さえ稼げれば、限界費用はほとんどかからず、高い利益計画が実現できるのです。逆に、ダウンロード数が稼げない場合は初期投資費用だけが逼迫してしまうので、サービス終了も早まります。たとえば、ソーシャルネットワークゲーム（ソシャゲ）は一定期間に人気がでなければサービス終了が早くなるのはそのためです。

こんな例で考えてみます。

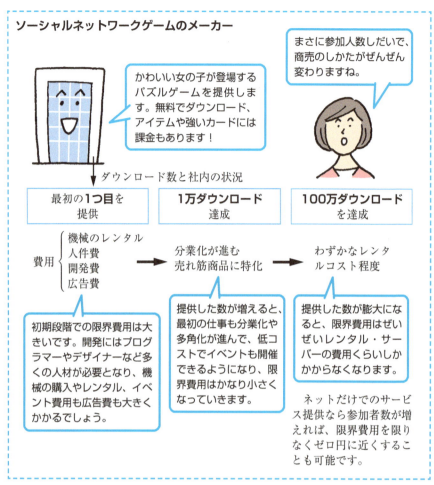

　また、インターネットに無関心な人でも、限界費用を考慮したビジネスとしてパン屋さんがイメージしやすいと思います。パンをつくる場合、最初の1個目の費用（コスト）はキッチンを用意するので膨大になるため、少ない生産量では負担が大きいです。それがパンをたくさんつくった場合、仮に100個から101個目にかかる限界費用はわずかな小麦粉代金くらいになっているはずです。また、出版社も同様です。書籍も発行部数が大きく増えても紙代くらいしかかからないので、限界費用は小さくなることが考えられます。しかし、限界費用が小さい書籍でも、しばしば「ベストセラー倒産」という話題がおきます。たくさんの本が売れ儲かっているはずですが、たかが紙代とはいえ計画した以上の増刷は経営を悪化させる要因になります。

経済記事に「出る文」

IoT（Internet of Things、モノのインターネット）の普及は、限界費用を限りなくゼロに近づけるビジネスといわれています。たとえば、パンの材料を揃えるだけで、一流ホテルのパン屋さんのレシピをダウンロードして、スマートオーブンレンジ（3Dプリンターを装備している場合）でつくれば、わざわざホテルに出向かなくても家庭でまったく同じものがわずかな材料費だけでつくれることになります。

《参考》どうしてソシャゲは基本無料なのか？

一見、ソシャゲは「限界費用ゼロ円なんだから無料なんだ」と解釈されやすいのですが、それではソシャゲーメーカーは商売になりません。これを説明するのは、経済学のなかでは**サンクコスト（埋没費用）**という考え方があてはまります。

サンクコスト（もしくは埋没費用）とは、過去に支出した費用のうち、その後に計画が変更になったり中止になるなどして回収できなくなったもので、「埋没」というくらいですから地に埋もれてしまって、もう取り返せなくなった費用です。たとえば、数年前に高価で買ったスマホが壊れてしまった場合、その修理費用よりも、最新の安値になったものを新たに購入したほうが少ない出費になることがあります。それでも、その時、高価だったスマホに支払ったお金の記憶が消えず（**埋没費用の呪縛**）、結局、修理代金を支払ってしまい効率の悪い日々を過ごすことになる人も多いでしょう。しかし、この高価なスマホに支払ったお金はすでにサンクコストになっているのです。

これと同様に、ソシャゲの無料期間で次に有料の追加アイテムを購入しないと先に進めない状況になった時、そこでそのゲームの無料の範囲は終了しているんです。しかし、集めたアイテム、チームに参加、経験値、時間などに費やした記憶が消えず、ついつい有料のアイテムやカードを購入してしまうのです。

2 追加費用の特徴（費用曲線の形状）

最後に経済理論にあてはめていきます。

ステップ 3

日常の視点 → 経済学の視点（限界費用）→ ビジネスの視点 → 経済理論へ（費用曲線の特徴）

私、経営者になれるかもしれない…

Unit 02 限界費用について考えよう 21

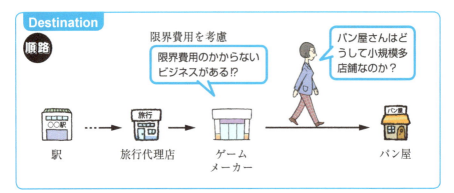

ここで皆さんは1つ疑問に思うはずです。パン屋は限界費用が小さいのでたくさんつくるほど儲かるはず、それならばもっと大規模なパン屋があってもおかしくない！ しかし、街のパン屋はどこも小規模で、一定の数量しかつくらないし、種類も限定されている。これはどのような理由が考えられるでしょう？

パン屋さんのような場合、18ページの費用（コスト）と数量のグラフをもっと延長してみることにします。すると、まずプロセス1において、A点の水準までは、数量が増えると大量仕入れや大量輸送でコスト削減、そして従業員の分業や機械化や専門化が進むことによって、限界費用は小さくなっていくことがわかります。

ところが、プロセス2においてA点（どの水準なのかは企業差があります）を超えると、今度は、生産量が増え、従業員が増えると管理費や福利厚生費など余計なコストがかかり、数量を増すごとに非効率となり限界費用は増加していくのです。

つまり、パン屋さんにはある程度の理想的な生産・販売量と店に規模があって、それ以上の生産を行うと余計なコストがかかると判断される場合には、事業を拡張しないほうが効率的であると判断できるのです。

それならば、その店を大きくするのではなく、最適な生産水準にとどめておいて、別の場所にもう1店出店させるほうが望ましいと判断することになるでしょう。

プロセス1　効率的な生産ができているとき

コストが逆S字型のなるのか？

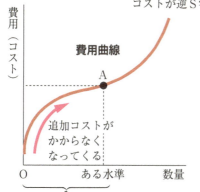

つくるほどに費用は減少（A点まで）

パン屋さんは限りある資源（キッチン、従業員、材料）を用いて生産します。
スペースや資源など生産に余力がある限り増産していくと、効率的な生産が可能で、1個あたりのコストは少なくなっていくでしょう。

生産量が増え従業員や機材が揃って、分業するために部署や課を用意して専門的になっていくので経費は下がります

プロセス2　生産が非効率になっていく

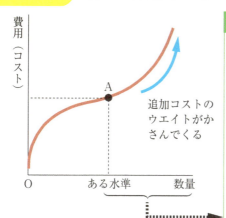

つくるほどに費用は増加（A点より）

増産が進み、追加の設備投資、複数の調理師やスタッフが必要になり、余計に人数を増すと福利厚生費がかかったり、もめ事が起こらないようにするため、管理費用がかかってきます。増員も簡単にはいきません。すでにどこかで働いている人をより高い報酬で募集しなければならならいこともあります。つまり、一定量以上の生産は既存の資源よりも割高になるのです。無駄な費用で非効率な状況になっていきます。

従業員が増えすぎると、生産に直結しない費用が多くなり非効率になります。小規模のほうがおいしさを保つためにもよいかもしれませんね。

確認問題

　ゲームソフト・メーカーN社に関する「費用」のなかで機会費用に該当するものはどれですか。以下から妥当なものを選んでください。

1. N社のゲームはほとんどが無料です。しかし、ユーザーは無料期間が過ぎても、これまで集めたカードや時間や支払った「費用」の呪縛があるので途中で取りやめることができず、結局、ついつい有料アイテムに手を出して続けている状況だといわれています。

2. N社のAソフトは全体の費用が100万円なので、100個しかつくれなければ1個あたりのコストを示すこの「費用」は1万円、しかし、100万個つくればこの「費用」はわずか1円になります。

3. プログラマーとして鬼才を放ったN社の経営者があえて自分よりも仕事が遅いプログラマーを雇うのは、経営者がプログラミングを行なうことになると、本来の経営者としての仕事の時間を削らなければならず、この「費用」を考えると、別な人にやってもらったほうが効率的であるという考えからです。

4. N社はゲームソフトの開発に数億円を投下しています。それでも収益力が見込まれるのは、販売するにあたってソフトメディア自体は非常に低コストであり、1枚1枚の追加生産にかかる「費用」はほとんどかからないと考えられるからです。

5. N社にあるゲーム用のサーバーは生産量に関係なく一定額の「費用」として500万円がかかります。

（市役所上級　改題）

【解説】

1. はサンクコスト（埋没費用）です。過去の回収できない費用が忘れられず、「呪縛」になって、追加的な出費をしてしまうケースもあります。

2. は平均費用です。全体の費用を個数で割り算して「1個あたりの費用」をもとめます。

3. は機会費用。機会費用というのは、費用という言葉を使っていても実質的には「利益のロス」分。経営者が他の仕事をやれば、その時間に得られたであろう利益を喪失させています。

4. は限界費用。開発費用は膨大でも、追加的にかかる費用は小さく、メディア自体の価格ですんでしまうような場合もあります。

5. は固定費用（次の Unit 03 で解説します）。生産量ゼロでもかかる費用のことで一定額です。たとえば、家賃のように生産量に関係なく一定額の費用です。

以上より、**正解は 3** になりまます。

Unit 02　限界費用について考えよう　**25**

Unit 03 どうして電化製品は中国製ばかりなのか？
「人件費」という固定費用はなかなか削減できなかった！

　Unit-2の最初であたかもドンブリ勘定のように扱った平均費用ですが、この平均費用は、最近の20年で液晶パネルやスマートフォンの普及とともにもっとも注目された経済学用語の1つです。

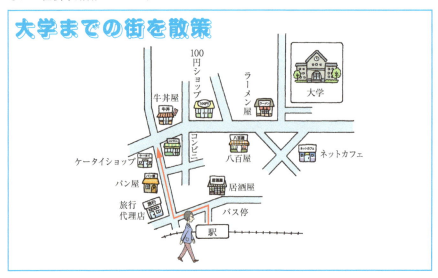

大学までの街を散策

1　平均費用とスケールメリット

ステップ 1
視点を変える

日常の視点 → 経済学の視点
　　　　　　　└ 平均費用

私のスマホは中国製

周辺機器も中国製

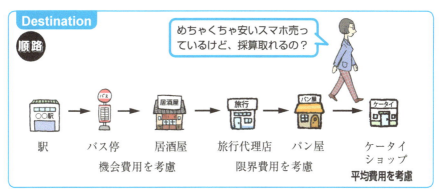

90年代以降、日本は急激な円高にみまわれ、国際競争力を維持するためにコスト削減努力を迫られました。そのため、海外、とくに東アジアや東南アジアに生産拠点を求めるようになりました。

コストを低く抑えれば低価格で販売しても利潤は確保できるからです。

それならば、すべての製品を人件費が安い中国などのアジア地域で生産すればよいのでは？　とイメージしますが、実際にはスマートフォンや液晶テレビのような電子機器が集中して大量生産が行われてます。これにはどのような理由が背景にあるのでしょうか？

状況1　従来の電子機器メーカー

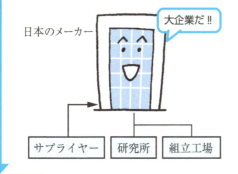

従来の電子機器メーカーは自社で研究開発を行い、製造や販売にとり組み、さらにはアフターケアまで行っていました。

状況2　平均費用の考え方に基づく最近の電子機器メーカー

私たちの身の回りの工業製品をみてみると、外国で製造されたものが多く、とくに電子機器となると中国を中心とする東アジアや東南アジア製ばかりであることに気がつくでしょう。

どうして日本をはじめ先進諸国のメーカーがそれらの国に依頼するのか？　いい

換えれば、どうして製造において太刀打ちできないのか考える必要があります。

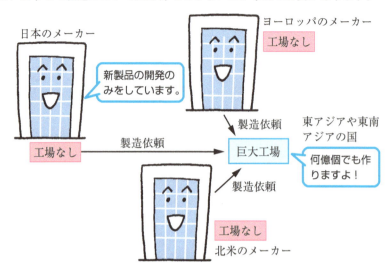

　東アジアや東南アジアの地域では膨大な従業員を抱える巨大工場があり、世界中のメーカーから注文を受けて生産を行っています。注文を受けた製造専門の会社では、製造において材料の大量購入や大量輸送、大量生産用の機械設備などを導入し、大量生産が行われます。

　ここで注目すべきことは、電子機器の生産は大型製造設備や従業員、大規模な倉庫など生産量に関係なくかかる費用、つまり「家賃」のような一定外の支払いである**固定費用**がとても大きいということです。

　固定費用は1つ1つの製品にコストとして割り当てられるので、生産量が大きければ大きいほど1個あたりの費用（平均費用）を低くすることが可能になります。そのため、各国のメーカーは自社で生産設備を運用するよりも、固定費用を回避するために、大量生産可能な巨大工場に注文して生産させるほうが効率的であると考えます。

ステップ 2

日常の視点 → 経済学の視点 → ビジネスの視点
　　　　　　└平均費用　　　└固定費用が大きい製品は大量生産

まるで街のような巨大工場をみたことがあるよ

　生産規模が拡大することによって、1個あたりの費用（コスト）が下がることを**スケールメリット（規模の経済）**といいます。たとえば、スマートフォンを製造する際、1億円の製造装置を購入しなければならないとします。製造装置は固定費用に分類され、生産量がゼロでもかかる費用です。次のような例で説明します。

スマートフォン製造装置を1億円で購入

固定費用1億円

材料費とは異なり、製造装置購入は生産量ゼロでもかかる費用です。

固定費用1億円を回収するために、製品の原価に割り当てます。

- この装置を使ってスマートフォンを1台しか製造しない場合は、1台あたりの費用は1億円！
　（1億円÷1個）→ **平均費用は1億円**
　　　　　　　　└1台あたりの費用

- この装置を使ってスマートフォンを1万台製造した場合、1台あたりの費用は1万円！
　（1億円÷1万個）→ **平均費用は1万円**
　　　　　　　　　└1台あたりの費用

- この装置を使ってスマートフォンを1億台製造すると、1台あたりの費用はわずか1円‼
　（1億円÷1億個）→ **平均費用は1円**
　　　　　　　　　└1台あたりの費用

　たとえば、中国の組立メーカーが何億単位でスマートフォンを製造できるといった場合、日本は企業がいくら技術力が高くても、このスケールメリットを利用した製造コスト面でとうてい及びません。

同じスマホなのに生産量しだいでぜんぜんコストが違う！

　中国の組立工業でつくられているものの多くが固定費用の大きい電子機器などに特化しています。この固定費用は、どこの国のメーカーでも実際には削減しようと思ってもなかなか削減できない事情も多くあります。たとえば、機械設備だけでは

Unit 03 「人件費」という固定費用はなかなか削減できなかった！　29

なく、人件費のような頑丈な固定費用もあり、簡単に従業員数を減らすというわけにもいきません。

> **経済記事に「出る文」**
>
> 多くの電子機器メーカーは自社の工場で生産を行わず、受託業者に生産を依頼するアウトソーシングとしてEMS（Electronics Manufacturing Service）を利用しています。これにより組立工場では複数の製品の液晶パネルなどの共通部分の大量購入や、人件費の安い地域で組み立てを行い**スケールメリット**によるコスト削減が容易にできるようになりました。

《参考》どうして米国大手ITメーカーは開発と販売だけ行うのか？

　電子機器に関しては、海外の巨大工場にアウトソーシングされる理由として、メーカーの固定費用の回避以外に、電子機器という製品の付加価値や収益性が関係しています。電子機器というものは自動車のように各部品をどのように結合・調和させ性能を上げるのかというものではなく、各部品が独立したものでそれを組み合わせて新製品になります。

　もちろん、各部品は取り替え可能でどのメーカーでも製造に参加でき、組立自体には技術を必要としません。これを**モジュラー型製品**ともいいます。この発想をたとえていえば、自動車のような高付加価値商品でも、ITメーカーが自動車を製造すれば、ハンドルとバッテリーとタイヤの3パーツだけに変わり、その各部品を専門メーカーがつくり、中国の大工場で組み立てれば、大幅に価格が下がると予想できるはずです。このようなモジュラー型製品の世界では、製造に関して「**スマイルカーブ**」というものがあります。

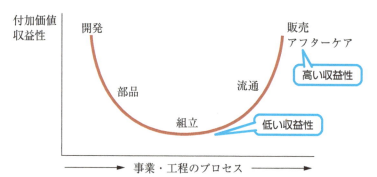

　スマイルカーブは、製造の工程とどれくらいの儲け（付加価値や収益性）につながるのか？　というものです。プロセスを追ってみると、工程の最初と最後に位置する開発と販売がもっとも収益性が高く、組立には技術が必要でなくなるのでほとんど付加価値を見出せません（ITメーカーの多くが付加価値が高い開発と販売（ストア）だけを自社で

行っています)。つまり、組立がコスト競争の煽りを一番受けることになりアジア地域の低賃金エリアをめざすことになっています。

スケールメリットというのは、巨大工場でまとめて生産する以外にも、ビジネスでは頻繁に応用されています。たとえば以下のような例は身近にみることができるはずです。

①大手ネット通販サイトに参加している出店企業は、TV広告やイベントなどとても個人企業ではできないような大掛かりな広告やマーケティングを合同で行うことが可能です。これは規模が大きくなることによりブランド化が向上するためと考えれます。
②大手寿司チェーン店はマグロやハマチを1匹丸ごと購入するので、グラムあたりの仕入れ値が個人商店では及ばないほど安くなっています。また、規模が大きいことによって価格交渉力もついてくるので優位に取引もできるでしょう。

2 平均費用と多角化（範囲の経済）

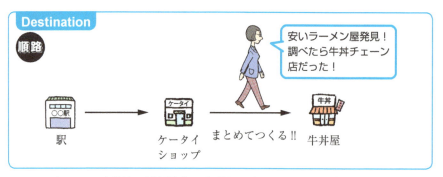

　スマートフォンは急速に低価格化が実現されましたが、その背景にはスケールメリットという大量生産による平均費用の削減メカニズムが背景にあることを話しました。この「まとめてつくる」ということに関してもう1つの考え方を説明していきます。それは、異なった商品による事業展開（多角化）のケースです。大学の近くにはお腹ペコペコの学生を満足させるような牛丼チェーンがあるものですが、最近では牛丼以外に、「えっ！　あの牛丼チェーンがやっているんだ！？」と驚くような寿司やラーメン、そば、たこ焼き店などの分野にも進出していることが報道されます。これは牛丼販売における**範囲の経済**を考慮していると考えられます。

　範囲の経済とは、主要商品である牛丼以外にそば、ラーメン、たこ焼きなどを**「まとめて」**生産することによって、個別にそば、ラーメン、たこ焼きだけを生産する企業よりも効率的な生産が行われると考えられます。

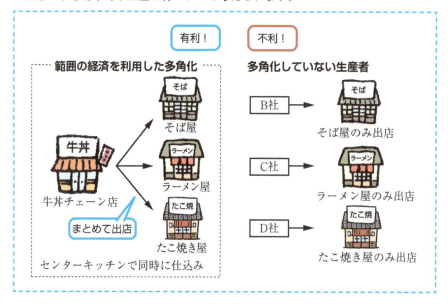

なぜなら、異なったモノ、ここで説明した牛丼、そば、ラーメン、たこ焼きでも**技術やノウハウ、生産設備**などが共通利用できるので、1つの企業が1つの事業を行うよりも、1つの企業がまとめて複数の事業を行うほうが効率的になるはずです。

それは食品という同分野に限らず、チョコレートの会社が使い捨てカイロをつくったり、フィルムの会社が化粧品を生産したり、技術の流用が他分野に広がることは珍しくはありません。

新製品を研究中に、偶然、別の新製品が誕生することがあるみたいだよ。

モノづくりの精神は重要だね！

こうした範囲の経済を利用して複数の事業に進出することを**多角化**といいます。そこで使われる技術は重複可能で場所や時間に制限されることはありません。

人的資源
従業員は特定の店や時間でしか利用できない。

技術
時間や場所に制限されないで、さまざまな製造に対応できる。

多くの会社が多角化をめざそうとするのは、範囲の経済を利用した費用削減を目的にするばかりでなく、1つの事業を集中させると、不測の事態が起きたときに会社へのダメージが大きくなるのを回避するためで、被害が及ばない別の事業も行うことによってリスク分散にも役立てることができます。

経済記事に「出る文」

牛丼チェーン店は、リスク管理が徹底され、牛丼以外のメニューの進出や他の外食産業への事業の**多角化**が進んでいたために牛肉の品薄状態でも経営に大きく影響することがありませんでした。

> **確認問題**
>
> ある財を生産している企業Aの費用に関して妥当なものを選んでください。（C：総費用、Y：生産量）
>
> 〈設問-1〉 総費用（C）が$C = Y^3 - 9Y^2 + 52Y$で与えられている場合、平均費用（AC）はいくらになりますか。
>
> 1. $Y^4 - 9Y^3 + 52Y^2$
> 2. $Y^2 - 9Y + 52$
> 3. 52
>
> 〈設問-2〉 総費用（C）が$C = Y^2 + 20Y + 30$で与えられている場合、固定費用（FC）はいくらになりますか。
>
> 1. Y^2
> 2. $Y^2 + 20Y$
> 3. 30

【解説】

〈設問-1〉

総費用（C）は全体の費用なので、生産量（Y）で割り算をすれば平均費用（AC）を求められます。

総費用（C）＝ $Y^3 - 9Y^2 + 52Y$ を生産量（Y）で割り算すると、

$$平均費用(AC) = \frac{C}{Y} = \frac{Y^3 - 9Y^2 + 52Y}{Y}$$

$$= Y^2 - 9Y + 52$$

全体の費用を数量で割り算すればOKだね！

よって、**正解は2**になります。平均費用の後ろにカッコで表示されているACはAverage Costの頭文字をとったもので、試験ではこのように付記されて出てきます。

〈設問-2〉

総費用（C）は全体の費用の中で、生産量（Y）が付いているものは生産量に応じて増加する費用であり、生産量（Y）が付いていないものは生産量（Y）に関係なくかかる一定額の固定費用になります。

総費用（C）＝ $\underline{Y^2 + 20Y}$ ＋ $\underline{30}$

　　　　　　　　生産量に依存する　　生産量に依存しない
　　　　　　　　費用（材料費など）　費用（製造装置など）

よって、**正解は3**になります。固定費用の後ろにカッコで表示されている FC は Fixed Cost の頭文字をとったものです。

Unit 04

経済学に必要なツールをそろえます

価格を決めるのは誰だ？

　大学までのいつもの道のりも、経済学の知識をつけるだけで、見方が少し変わったはずです。前Unitまでは、あくまでウォーミングアップとして経済学の思考ができるようにするための肩慣らしです。これから大学へと向かっていきますが、ここでコンビニに寄って、もう一段レベルを上げ、さらに学習を進めるための必要なミクロ経済学の「取引」に関する知識をつけていきます。

大学までの街を散策

1 ミクロ経済学で使用するツール

コンビニに行くと、飲んでみたいドリンクや食べてみたいスイーツが並んでいます。予算があれば、一度は食べてみたいものばかりでしょう。

これほど魅力的な商品をつくるためには、その背後で生産者は世界中の隅々にいたる原材料を把握し、取引や製造にかかわる人と関係を持ち、できるだけ安く資源を購入して、アイディアを結集し、さらにそれが大量生産可能な設備投資を実施、世界への流通を確保しているわけです。つまり、毎日、毎日、途方もないほどの取引が行われている結果の産物です。

一歩外に出れば、人々はベストのビジネス、つまり**つくったものが必ず売りきれる**ような商売を確立しようと意思決定を行い、それによってモノや人などの資源が動いているのです。しかし、問題は地球上の資源には限りがあって、どんな要求にもすべて応えるというわけにはいきません。そこで限りある資源を有効利用するために、「**効率的な配分をする**」必要があり、それがミクロ経済学の課題になります。

このちょっと難しい表現でいい表した「効率的な配分」を次にもう少し噛み砕いていきましょう。

人々にとって買い物とは、できるだけ安く、お金を払っておいしいものを食べることです。これだけの行動の中に、さまざまな人やモノが動いています。それが、常に最適になるとは限りません。たとえば、せっかくパン屋に寄ったのにお目当てのパンが売り切れていたり、急いで空腹を満たそうと牛丼屋に入ったものの店員が新人で注文を間違えたり、スマホに充電し忘れてデートのために用意しようと思っていたコンサートの予約ができなくて予定が大幅に狂ってしまい、別なイベントのチケットを購入したりと。

つまり、私たちが望んでいるような場所と日時に適当な数量の商品の配置が必ず

しも実現できていないのです。細かいことでも、こういった実際の数量にはズレがあり、その数量のズレが大きくなると、経済学でいう「**経済問題**」の源流になっていきます。

考えてみると、失業の問題も、貿易の問題も、インフレの問題も経済の問題というのはすべて数量の問題なのです。たとえば失業であれば、雇いたいという数と働きたいという数の数量のズレなのです。貿易の問題も適正な輸出入数量でないから問題視されるのです。そこで、数量をどのようにしたら一致させることができるのか、これが「効率的な配分」であり、ミクロ経済学の手法が必要になるのです。

> Key Point
> 経済学に関する論点→**数量**に関する社会問題

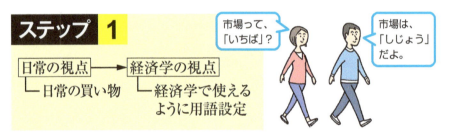

このUnitでは、経済学で使用される言葉や設定を紹介していきながら、日常の買い物を経済学的な思考で説明していきます。

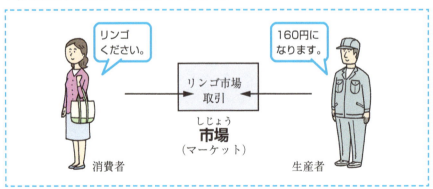

単純に「リンゴを購入する」を経済学の用語にあてはめると、リンゴを買ったAさんは**消費者**、リンゴをつくった人や売った人は**生産者**と分類します。この両者が取引しているのはリンゴの市場です。市場はお金とモノとが交換される場の総称で特定の場所を示す市場よりも広い意味で用いられます。

> **市場**（いちば）…特定の場所
> **市場**（しじょう）（または**マーケット**）…取引が行われている場の総称

登場者

ミクロ経済学の登場者は消費者（家計）と生産者（企業）がメインですが、政府が登場して市場に介入することもあります。出場者はこの3者になります。

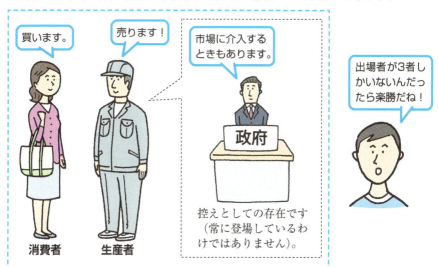

舞台設定

リンゴ市場というのは、リンゴというモノであり、一般に経済学ではこのようなモノを**財**（ざい）または生産物（せいさんぶつ）とよびます。それらを交換し合う市場を総称して**財市場**または生産物市場といいます。ミクロ経済学には、財市場以外にもう1つ、**生産要素**（せいさんようそ）**市場**というものがあります。生産要素というのは生産に必要な資源のことで、土地、労働、資本になります。おもに労働が扱われることから、**労働市場**という名称で説明されることもあります。この市場では、リンゴを買うお金を稼ぐために、消費者は労働を提供して、**所得**を獲得します。

本書では、財市場と生産要素市場（労働市場）のうち、財市場のみをとりあげて学習することになります。

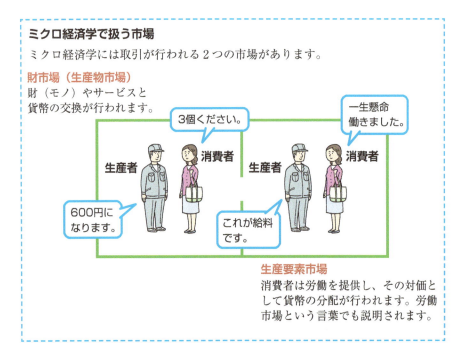

2 消費者と生産者（合理的行動）

ミクロ経済学で常時登場する消費者と生産者について、個別にみていきます。

キャラ設定

メインの登場者である消費者と生産者ですが、この言葉自体は初めて聞いた言葉ではないという人も多いと思います。しかし、経済学では彼らは極めて限定的な行動をすると仮定します。それは、経済学というのは、人間のさまざまな選択肢をそぎ落とし、極めて単純な形につくり変えていくからです。

それは一切の道徳的なものを排除して、自分の利益が最大にするためにのみ行動するという仮定です。これを**合理的行動**といいます。これを消費者、生産者に分けて、以下で解説していきます。

消費者

消費者はモノ（財）を購入して、満足度を最大にすることだけが分析対象となります。

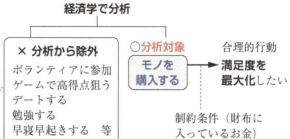

経済学ではモノを購入する以外の行動はまったく分析対象になりません。

この合理的行動は、**制約条件**の中でもっとも最適な数量を選択することです。消費者にとって制約条件は財布のなかに入っているお金であり、その範囲内でもっとも満足度（効用）が高くなるようにモノの**購入量**を決定することになります。

次に、モノの購入に関してグラフを用意します。グラフは縦軸に価格、横軸に数量を設定します。

数量というのは消費者にとってどれだけ買うのかという購入量であり、これは需要量や消費量など、さまざまないい方ができます。ミクロ経済学では基本的に横軸は数量になります。消費者はリンゴの価格が下がれば、購入量を増やします。したがって、価格と購入量の関係は右下がりのグラフとして描かれることになります。

このグラフは消費者のこの財に対する**需要曲線**といい、価格が下がれば購入量が増えるという**需要の法則**を表しています。

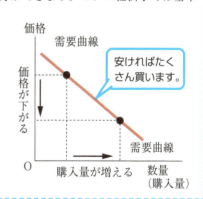

生産者

　一方、もう一人の登場者である生産者もまた合理的行動という経済学の考え方に従います。生産者にこれをあてはめると、一定の技術の制約の下で、モノを生産・販売し、利潤を最大にするような生産量を決めていきます。

経済学で分析

× 分析から除外
　社会に貢献
　人材育成
　高品質
　伝統の継承　　等

○分析対象
　モノを生産する → 合理的行動　**利潤を最大化**したい

制約条件（生産技術）

経済学ではモノを購入する以外の行動はまったく分析対象になりません。

　消費者と同様にグラフを用意します。
　横軸の数量というのは生産者にとっては、どれだけ生産するのかという生産量になります。リンゴの価格が上がれば販売量、つまり生産量（または供給量）を増やします。このことから、価格と生産量の関係は右上がりのグラフとして描かれることになります。
　このグラフは生産者の財に対する**供給曲線**といい、価格が上がれば生産量が増えるという**供給の法則**を表しています。

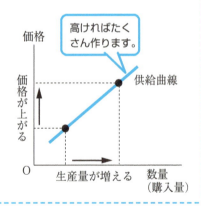

販売量、生産量、供給量って何が違うの？

全部同じだよ！もともと英語で翻訳のしかたが違うだけ。

両者の関係

次に、消費者と生産者は市場で取引を行うことになります。

取引をする理由は、お互い黙っていても利得は発生しないので、自己の利益が最大になるように交渉を行い、消費者は「できるだけ安く、多く買いたい」、生産者は「できるだけ高く、多く売りたい」というお互いの私利を追求しようという思惑のためです。

この両者の希望はあべこべなので両者の思惑が成立しないように見えますが、これが実にうまく機能していきます。このことは、**市場の力**が機能するという意味につながっていきます。

3 市場の力と価格の決定（均衡価格）

市場の力という言葉ですが、消費者の持つ需要曲線と生産者が持つ供給曲線を合わせることによって説明されていきます。

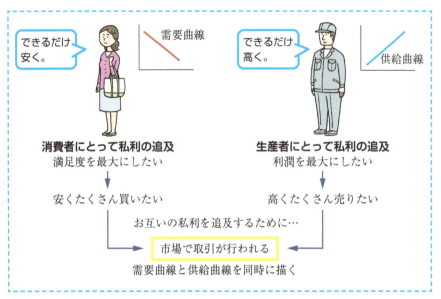

　需要曲線、供給曲線のどちらのグラフも価格と数量の関係が示されているので、1つのグラフにまとめた場合、実際にいくらで何個売買するのかは2つのグラフの交点（E点）によって決定されます。

　たとえば、リンゴの市場において下図のように決定したのであれば、交点のE点は**均衡点**とよばれ、そのときの価格を**均衡価格**、取引された需給量を**均衡需給量**といいます。つまり、買いたい量と売りたい量が一致するのです。

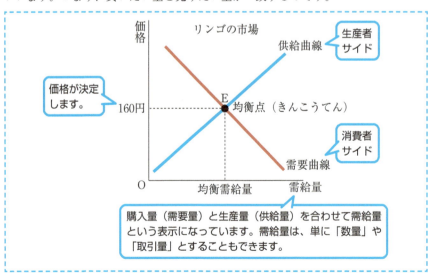

この均衡点は、需要曲線、供給曲線の2本のグラフを描きさえすれば、すぐに決まるわけではなく、消費者と生産者の交渉が行われることを前提としています。証券市場における株価のように瞬時に価格が決まるような場合もありますが、通常は次のような調整メカニズムが想定されます。

プロセス1　均衡価格よりも低い価格が設定された場合

　均衡価格A円よりも低い価格B円が設定された場合、この価格は安いので供給量よりも需要量のほうが多くなっています。そのオーバーした需要量は**超過需要**とよばれ、この状態では価格が低く設定されているので、多くの消費者が「ほしい！」という需要が上昇しています。

　その財に現行の価格以上の価値を見出せば、もっとお金を払ってでもほしいと思うはずです。つまり、超過需要が起きている状況であれば、均衡価格の水準まで価格が上がっていくと考えられます。

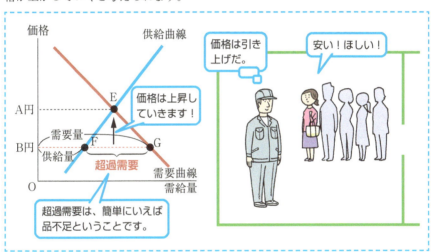

ネット・オークションも人気商品ならドンドン価格が上がるよね！

「数量限定」といわれると、超過需要を前提としているみたいで欲しい人が増えそうです。

Unit 04　価格を決めるのは誰だ？　45

プロセス2 均衡価格よりも高い価格が設定された場合

均衡価格A円よりも高い価格C円が設定された場合はどうなるでしょう？

この価格では需要量よりも供給量のほうが多くなっています。そのオーバーした供給量は**超過供給**とよばれ、価格が高いので、みんながこの価格では購入を控えるという状況になります。現行の価格水準の価値は見出せないために、取引が成立する価格まで下がっていくと考えられます。

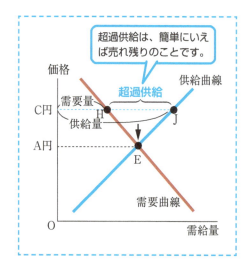

プロセス3 伸縮的に価格調整が行われ、均衡価格が成立

市場では、超過需要があれば価格は上昇し、超過供給は価格を下落させます。このような価格調整メカニズムを通じて価格A円が決定されています。

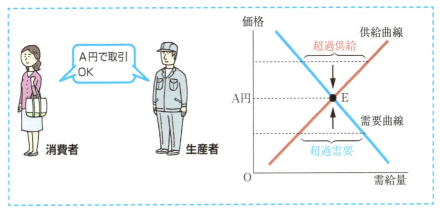

　ここで重要なのは、価格A円は消費者が決めたわけでも生産者が決めたわけでもなく、**市場の力で決定したもの**なのです。その価格にしたがって消費者、生産者がそれぞれ合理的行動を行うことになりますが、おのおのが価格は決定できないので購入量や生産量といった**数量を決定**するのです。

高過ぎも安過ぎもしない、ドンピシャの価格が決まる、これは市場が決定しているんだよね。

Key Point

　競争市場では、市場の力によって均衡価格が決定し、適正な取引量が実現されます。

　多数の消費者や生産者が参加している市場は**競争市場**といい、そこでは価格は市場が決定します。競争市場に対して、独占企業が存在する独占市場では、その生産者が価格を決定してしまうケースがあります。そうした場合には、政府が市場に介入して、適正な価格にするために法令を定めたり、企業分割をして競争を促して適正な価格を誘導します。

経済記事に「出る文」

　品不足が続いていた東欧でも、市場経済を導入後には品不足による長い行列は解消され、**市場の力**による取引（**市場原理**に基づく取引）が経済を順調に活性化させていることがうかがえます。

> **確認問題**
>
> 空欄に入る適当な数字を1〜3のなかから選んでください。
> ある市場の需要曲線と供給曲線がそれぞれ、
> 　需要曲線：D＝120－P
> 　供給曲線：S＝2P　　（P：価格、D：需要量、S：供給量）
> で与えられているとき、均衡価格は（ア）円、均衡需給量は（イ）個になります。
>
> **1.** ア：40　イ：80　　**2.** ア 50　イ 70　　**3.** ア 90　イ 50
>
> （地方上級　改題）

【解説】

手順1

均衡価格、均衡需給量は2つの曲線の交点になるので、連立方程式を解くことになります。

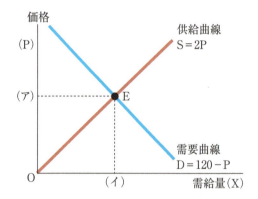

使っている記号はPの価格はprice、需要曲線はdemand curve、供給曲線はsupply curveのそれぞれの頭文字をとったものです。

手順2

それぞれのグラフは、D＝〜、S＝〜になっていますが、グラフを描いた時に縦軸が価格なので「P＝〜」の形に置き換えます。

需要曲線	供給曲線
$D = 120 - P$	$S = 2P$
↓	↓
$P = 120 - D$	$P = \dfrac{1}{2}S$

（数学でも $Y = \sim$ というように縦軸の記号に合わせたことを思い出しましょう。そうしなくても解けるのですが、後々のことを考えて、早めに習慣化させておくことをすすめます。）

手順 3

次に、均衡点は交点であり、D（需要量）＝S（供給量）になっているので、これらの記号を X（需給量）に統合し 1 つの記号にします。

需要曲線	供給曲線
$P = 120 - D$	$P = \dfrac{1}{2}S$
↓	↓
$P = 120 - X$	$P = \dfrac{1}{2}X$

ここまで、整理してから連立方程式を解いていきましょう。

$$\begin{cases} P = 120 - X & \cdots ① \\ P = \dfrac{1}{2}X & \cdots ② \end{cases}$$

手順 4

最後に、この連立方程式を解いて、P＝40、X＝80 となることから、均衡価格（P）は 40 円、均衡需給量（X）は 80 個となります。

よって、**正解は 1** です。

Unit 05 どうして政府の介入が必要なのか?

望ましい市場を視覚化させる

　現実の社会では次々と新しい経済問題が起きています。その中には、会社の利潤追求のために消費者が犠牲になっている場合もあるでしょう。問題がある市場の善悪をどのように判断するべきか？　もっとも望ましいと考える基準を定め、それと比較しながら問題点を視覚化させ、解決の糸口を探っていく作業が必要になります。

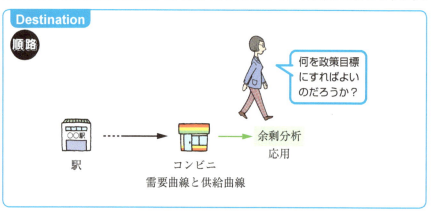

1　望ましい市場の達成（余剰分析）

　生産者というのは利潤を追求するものですが、その結果、売り上げの非常に大きい会社が独占禁止法に違反するのではないかという事件が過去に起きました。市場に新規企業が参入できないような障壁があって、その市場に君臨する独占企業が存在した場合、私たちの生活においてどのように望ましくないかが、誰が見ても納得できるように証明され、それに適切に対処する解決法がなくてはなりません。

生産者は利潤追求が基本。しかし、いつの間にか大企業化して独占企業になってしまうことがあります。

大企業がスケールメリットを利用して大量生産してきたら、他の競合企業が太刀打ちできない場合もあるしね。

　生産者は自社の利潤が最大になるように計画をして生産を行います。その結果、もっとも儲かる方法を思考していたら、独占になってしまったという場合もあるでしょう。そうなった時、競争がなくなった市場では、生産者が儲けても消費者がその分、損失を受けるという場合もあります。そこで、経済学の手法では、生産者と消費者のどちら一方ではなく、両者を足し合わせた社会全体という視点から望ましい社会を検討していく必要があります。

競争市場

　まず、望ましい市場とはどのような状態にあるのかを理論的に明らかにして、それを基準に現実の経済の社会的厚生上の良し悪しを判断します。そして、基準に適していない市場は、政府が介入して政策的に解決することになります。

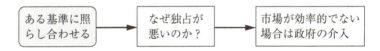

「政府の介入」って、こわ〜い！

「政府の介入」は、政府が市場にインパクトを与えるだけで、結局は市場の力が解決するんだよ。

プロセス1　「望ましさ」の基準

　どのような市場の形態が最も望ましいのかを考えたとき、それは多数の消費者と生産者が参加している**競争市場**（完全競争市場）であると考えられています。

　この競争市場とは、需要曲線と供給曲線によって、価格調整メカニズムが作用し、価格は市場で与えられ、消費者や生産者がその所与の価格に基づいて行動するような市場をいいます。

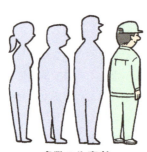

競争市場

多数の生産者

多数の消費者

> **Key Point**
>
> 　競争市場では、消費者と生産者は**価格受容者**（**プライス・テイカー**）として行動します。

※所与というのは、他から与えられたものという意味です。消費者も生産者も自分たちで価格を決定できず、市場から、つまり他から与えられた価格をもとに数量のみを決定します。

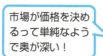

プロセス2　余剰分析

　このような競争市場において、消費者や生産者がどのくらいの便益を得ているのかを視覚的に示すことができます。それは、**余剰分析**という、いわゆる面積で比較する手法で行われます。

作業-1 ①消費者余剰

　均衡価格より上の面積で表されている三角形 ABE を**消費者余剰**といいます。これは消費者が得られる便益を面積で表していて、価格が下がるほど面積が大きくなります。

作業-2 ②生産者余剰

　均衡価格より下の面積で表されている三角形 BCE を**生産者余剰**といいます。これは生産者が得る便益を面積で表していて、価格が上がるほど面積は大きくなります。

作業-3 ③総余剰

　消費者余剰と生産者余剰を足し合わせたものが**総余剰（社会的余剰）**になります。

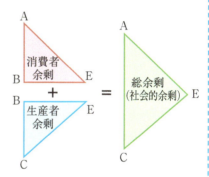

※便益というのは、利得の増加分のことで単純に利潤（もうけ）と考えてもかまいません。

　この総余剰（社会的余剰）の面積の大きさは資源配分が効率的であるかどうかの指標となり、その**面積が最大**になり最適性定理が満たされるのがこの競争市場になります。これを基準に他の市場について比較することが可能になります。

これが100点満点の状態だから、他はそれ以下になるってことだね！

Unit 05　どうして政府の介入が必要なのか？　53

2 独占企業の余剰分析

独占企業は利潤追求の結果、競争市場よりも少ない生産量になるために、均衡価格よりも高い独占価格が設定されます（詳しくは、Unit 17 で解説します）。

> Key Point
>
> 独占企業は価格支配者（プライス・メイカー）として行動します。

同様に、独占企業が存在する場合の余剰分析もしてみましょう。

まず、下図において、価格の上昇に伴い、消費者余剰は三角形 ADF になり、競争市場よりも小さくなります。一方、価格の上昇は生産者の便益を拡大させることによって、生産者余剰は四角形 DCGF となり、競争市場よりも大きくなります。

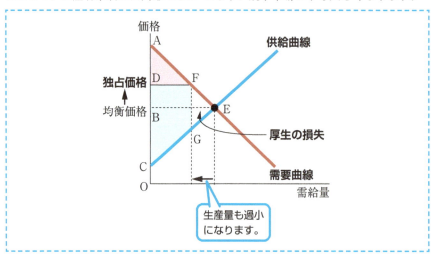

次に、競争市場と比較した社会的余剰を考えてみましょう。消費者余剰と生産者余剰を足し合わせた結果、四角形 ACGF が総余剰になります。これは競争市場の場合よりも面積が小さくなることがわかります。

その減少した面積は三角形 FGE であり、**厚生の損失（死荷重）**とよばれます。

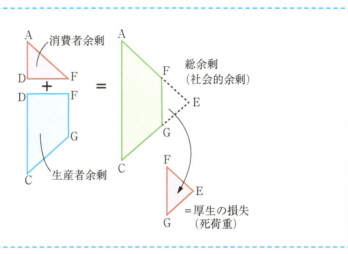

このような厚生の損失が発生するような場合では政府が市場に介入し、競争を促すような政策（独占禁止法などの法令の制定）が必要になるのです。

> **Key Point**
>
> 　厚生の損失（死荷重）は資源配分が非効率であることを表し、政府が介入して競争的になるような政策が必要になります。

では、具体的に独占市場が発生した場合の回避政策を考えてみましょう。

経済学的にもっとも良い対処法の1つは**企業分割**になります。それは市場の力によって適正な価格へ是正されるからです。

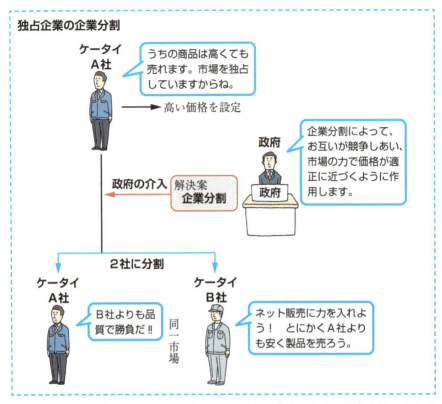

もともと同じ生産者でしたが、分割によって競争が生まれます。競争市場になれば厚生の損失の発生のような非効率性は解消されていきます。

> **経済記事に「出る文」**
>
> 米国大手IT企業は、パソコン用のビジネス・ソフトの販売をめぐって独禁法に違反したと判断され、裁判所より企業分割を命ぜられました。

《参考》政府の介入と競争の促進

　競争市場はもっとも効率的な資源配分が達成されるので、政府は競争を促進させるような政策を実施しますが、すべての取引に関して同様の手段ではありません。
　航空、バスツアー、タクシーなど旅客業のような比較的競争が激しくなる市場では、競争によって安全性が軽視される可能性があるので、消費者が危険な目にさらされないように参入規制をしている場合もあります。

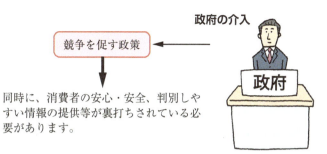

同時に、消費者の安心・安全、判別しやすい情報の提供等が裏打ちされている必要があります。

　一方、オークションのような市場について考えてみましょう。ここでは参加者が競争して価格が決定されますが、本当に適正な価格が形成させているのか疑問視されています。それは、競り合った結果の勝者は思ったより高い価格を入札してしまい、誰も購入しないような額の支払いをしなければならないケースがあり、これを経済学では**勝者の呪い**とよびます。これはオークションという限定された市場では、たとえ競争があっても適正価格が判別しにくく、しかも他人と競り合うことによって価格が決定するために、実際の価値とはほど遠い価格になることもあります。

アイドルのコンサートチケットを落札できた。でも、販売価格の10倍以上になってしまって落胆しました。

ちょっと高値になりすぎだよね！

　つまり、競争市場といっても見た目ではその商品の良し悪しを見分けるのは難しいのです。そこで政府は、競争市場が有効に運用するためには、その商品やサービスに関する情報も市場参加者に正しく行き届くような政策も実施する必要性があります。

経済記事に「出る文」

　政府は、全ての加工食品に原材料の原産地表示を義務付けることを発表しました。今後も輸入食品の増加が見込まれるため、**消費者に正しく情報を伝え**、不安を解消するのが狙いです。また、国産品のブランド力向上につながるといわれています。

右図のような市場で、需要曲線と供給曲線が与えられているとき、生産量Xによって財が供給されていてしまっている場合の厚生の損失（死荷重）はどの面積になりますか。

1. ACHF
2. BCE
3. FHE
4. FGE

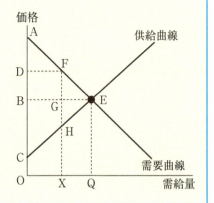

【解説】現在の需給量Xの水準では、競争市場時の需給量Qよりも過小生産となって、価格水準も上昇しています。

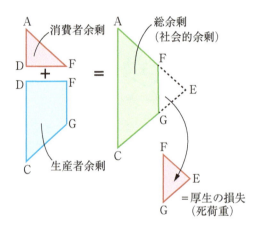

つまり、資源配分に失敗し、厚生の損失（死荷重）が△FHEとして発生します（消費者余剰ADF、生産者余剰DCHF）。

よって、**正解は3**になります。

Unit 06 ガソリン価格が下がれば自動車が売れる!?
どんな理由でグラフが動くのか？

Unit 04、Unit 05 では、財に関して、需要曲線と供給曲線を表しましたが、このグラフは固定されているわけでなく、状況によって移動することがあります。どういった場合に変化が起きるのか説明をしていきます。

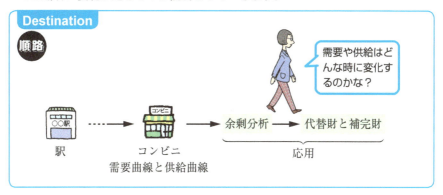

1 需要曲線のシフト（代替財と保管財）

需要曲線の性質について少し踏み込んでみましょう。

状況1　線上の移動

需要曲線は、縦軸の価格と横軸の需要量（購入量、消費量）のみの関係を注目しています。

このグラフの性質上、価格が変化をすれば、需要量はA点からB点へ変化するので線上を移動することで示されます。

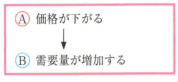

A点からB点への変化は、価格の下落と需要量の増加が示されることになります。

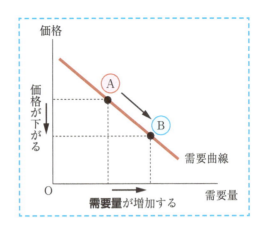

状況2 シフトする

価格変化の理由以外で需要が大きくなるような場合があります。この場合、価格水準はそのままにして、A点からC点にグラフが移動することになり、グラフが「シフトする」と表現されます。需要が増加すると需要曲線は「**右シフト**」することになります。

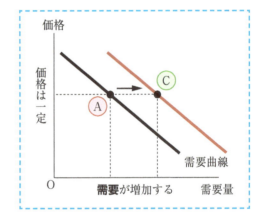

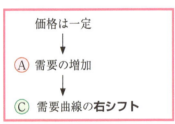

状況3 価格変化以外の理由で需要の変化

需要曲線のシフトは価格変化以外の事象で需要が上昇することが原因です。たとえば人気が上昇したり、所得が変化するなどの理由などをいくつも列挙できますが、経済学で代表的なものとして①代替財と②補完財のケースが取り上げられます。

①代替財のケース

　ある消費者は、緑茶も紅茶も同じくらい好きなでどちらでも同じように満足することができると考えた場合、これらの財は、**代替財**（**代替品**、**代替関係**）になります。この代替財の需要は影響しあうことが考えられます。緑茶を購入する人のなかには単に「飲みたい！」というのではなく、いつも買う紅茶の価格が上昇しているために紅茶の購入を諦めて、その影響で緑茶の需要が増加していることも想定されます。

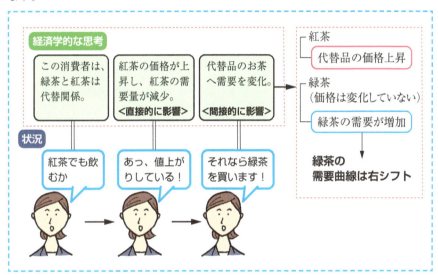

経済記事に「出る文」

お米が不作で価格が上昇しているため、代替品の食パンの需要が増加しています。

食パンの価格が下がっているわけでもないのに、購入量は増えるんですね！

②補完財のケース

　次に、補完財のケースについて説明します。自動車を購入しようとしたときに、まず何を気にするでしょう？　自動車とガソリンは切っても切れない関係で、ガソ

Unit 06　どんな理由でグラフが動くのか？　61

リン価格が高ければ自動車を買うことを控えるだろうし、ガソリンの価格が低ければ自動車を買うことを決断しやすいはずです。つまり、これらの財は相互に補完しあっているので、経済学では**補完財**（**補完関係**）といって、お互いの需要が連動すると考えられます。

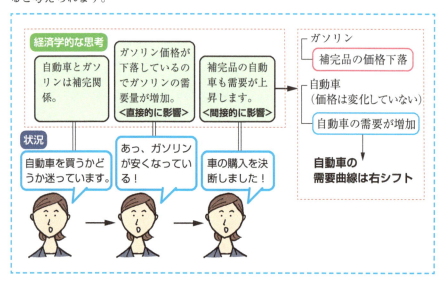

経済記事に「出る文」

ゲームソフト市場の競争が激化したためにソフトの価格が大きく下がりました。そのため、ソフト需要がハードの売り上げにも影響し、補完関係にあるゲーム機本体の需要も幅広い世代で拡大しました。

状況 4　需要曲線の右シフトと価格変化

　一般的に財は、価格は変化しなくても、その財の**代替品の価格が上昇**、**補完品の価格が下落**、その他、価格の変化以外の理由で需要が上昇すると、需要曲線が右にシフトします（$D_1 \to D_2$）。

　需要曲線の右シフトの影響については、同時に、グラフのなかに供給曲線を描いて観察する必要があります。すると、右シフトによって、初期の均衡点がE点からF点に移動するので、需給量は増加し、価格が上昇することがわかります。

Ⓔ 初期の均衡点
　↓ 需要曲線の右シフト
Ⓕ 価格の上昇、需給量の増加

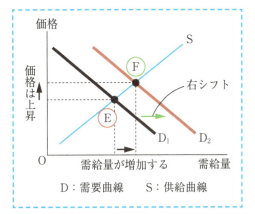

2 供給曲線のシフト

次に、供給曲線についても見ていきましょう。

状況1　線上の移動

供給曲線は、縦軸の価格と横軸の供給量（生産量）のみの関係に注目したグラフです。これは、価格が変化をすれば、供給量はA点からB点へ線上を移動することで示されることになります。

Ⓐ 価格が上がる
　↓
Ⓑ 供給量が増加する

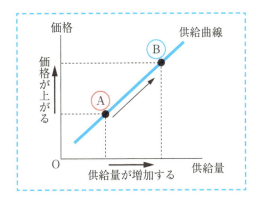

状況2　シフトする

価格変化の理由以外で供給が大きくなる場合もあります。生産者の数が多くなったり、生産費用の減少、技術革新で生産性が向上した場合などがあげられます。供給が増加すると、価格水準はそのままにして、A点からC点にグラフが**右シフト**することになります（次ページ）。

Unit 06　どんな理由でグラフが動くのか？　63

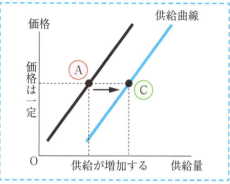

技術が向上したり、機械化が進んで生産量が増えれば、価格に関係なく右シフトするんですね。

状況3　供給曲線の右シフトと価格変化

次に、供給曲線のグラフのなかに、同時に需要曲線を描いて、市場ではシフト前と比較してどのように変化したのかを観察します。

供給曲線の右シフトによって、均衡点がG点からH点に移動するので、需給量は増加し、価格が下落することがわかります。

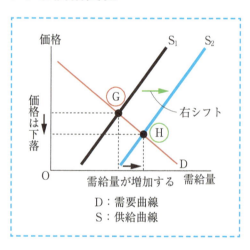

Ⓖ 初期の均衡点
　↓ 供給曲線の右シフト
Ⓗ 価格の下落、需給量の増加

試験では、実際に試験会場で自分でグラフを作図して分析しなければならない問題も出題されます。

覚えるだけの試験ではないんですね！計算とかもあるし…

経済記事に「出る文」

外食産業が軒並み業績悪化するなか、急成長を続けるたこ焼きチェーン店では、人材教育と技術力に重点を置く方針を立てています。人材教育は従来と同じコストでも、効率ベースでは従業員が増加するのと同様の成果が得られ、**生産性を向上**させる結果になりました。それによって、たこ焼き屋のような限られた従業員数でも短時間にたくさんの商品を供給可能になったのです。

確認問題

ある財の需要曲線（D）および供給曲線（S）が次のように与えられています。次の記述で妥当なものはどれですか。

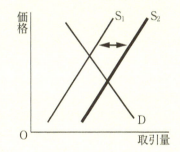

（グラフA）需要曲線の動き　　（グラフB）供給曲線の動き

1. グラフAでは、ある財の人気が上昇する場合を示していて、需要曲線が右方にシフトし、価格が下落して、取引量は増加する状況が示されています。
2. グラフBでは、所得が増加する場合、供給曲線が右方にシフトし、取引量は増加する状況が示されています。
3. グラフAでは、ある財の補完財の価格が下落する場合、需要曲線は左方にシフトし、価格は下落し、取引量は減少する状況が示されています。
4. グラフAでは、ある財の代替財の価格が上昇する場合、需要曲線は右方にシフトし、価格は上昇し、取引量は増加する状況が示されています。

（地方上級　改題）

【解説】

1. ×　人気が上昇する場合は、需要曲線は右シフトします。ただし、右シフトは均衡価格は上昇させ、取引量は増加します。
2. ×　所得の上昇は、生産者には無関係なので供給曲線には影響を与えません。所得の上昇の影響は需要曲線を右シフトさせます。
3. ×　補完財の価格が下落すると、補完財の需要量が増加し、本問で指示されたある財の需要も増加し需要曲線は右シフトします。よって、均衡価格は上昇し、取引量は増加します。
4. ○　代替財の価格が上昇すると、代替財の需要量が減少し、本問のある財の需要は増加し需要曲線は右シフトします。よって、均衡価格は上昇し、取引量は増加します。

したがって、**正解は 4** になります。

この問題も、基礎的な理解が試されるような感じですね。

Unit 07 家電量販店はどうして毎日バーゲン価格なのか？
供給曲線もまたさまざまなタイプがあります

第1部 街を歩いてミクロ経済学を観察しよう

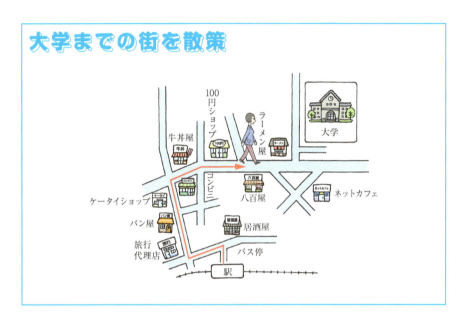

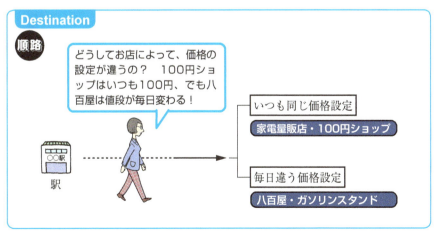

67

大学付近に近づくと、学生街が形成され、ディスカウント店、定食屋、生活必需品を扱うお店が多くなります。24時間営業のコンビニのように品物の新旧入れ替わりが激しく、常に新商品をラインナップさせ、毎日定価で販売しているお店がありますが、少しまわりのお店を見渡せば価格の設定がコンビニとは異なり、ずいぶんさまざまであることに気がつくはずです。

　たとえば、八百屋は同じ野菜でも安い時も高い時もあり、キャベツやレタスなどびっくりするような低価格の時があれば、わずか数日で倍以上の価格になることもあります。

　また、100円ショップや家電量販店などは、バーゲンをする必要がなくいつでも同じ低価格で販売され、めったに売り切れにならないことも思い当たるでしょう。どうして、お店によって価格設定が異なるのかこの Unit で検討していきます。

1　供給曲線の傾き

プロセス1　100円ショップや家電量販店

　100円ショップや家電量販店にあるような工業製品は、次の図のように供給曲線の傾きが緩やかになります。これは、なんらかの原因で急に需要が拡大しても、商品自体は、部品を組み立てるだけで、市場での需要の大きさに対応する生産がすぐに可能となるので、価格の変化に大きな影響を及ぼさないためと考えられます。

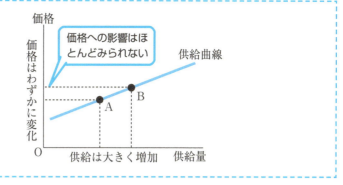

そういえば、100円ショップの商品はテレビで話題になっても売り切れにならないですね。

100円ショップは日本中にたくさんあります。取り扱う商品は組立が容易なものばかりなので、生産量はいつでも調整可能。すぐに出荷でき、超過需要も起きないので低価格も安定しています。

プロセス2　ガソリンスタンドや八百屋

　一方、ガソリンスタンドや八百屋が扱う商品、つまり、天然資源や農産物のような財では供給曲線の傾きは急になります。これは市場で価格が上昇しても、供給量はわずかしか増加できないことが考えられます。なぜなら、ガソリンの需要が高まっても急に油田が発見されるわけでもなく、同様に、野菜の需要が高まっても耕作面積が拡大したり、植物の成長速度がはやまったりすることはなく、どちらも需要に即応した供給量の実現が困難だからです。

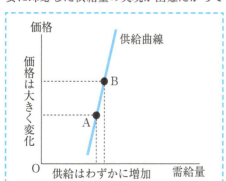

日本のメーカーの多くが、輸入される原油価格や原材料となる穀物価格の乱高下に悩まされた経験があります。

プロセス3　どうして野菜の価格は変動しやすいのか？

ステップ 2

日常の視点 → 経済学の視点 → ビジネスの視点
　　　　　　　　　　　　　　└ 価格の乱高下の原因

レタスの需要曲線と供給曲線を描いた市場を用意して、レタスの価格が市場で急に上がったり、下がったりする原因を説明します。

レタスの需要曲線

まず、レタスの消費の特徴として、
★価格が下がったからといって、急に何個も一度に食べることはできない。
★長期間の保存ができるものではないので、一度に何個も買えない。

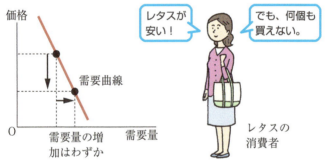

そのため、需要曲線の傾きは大きくなるはずです。

70

レタスの供給曲線

さらに、レタスの生産の特徴としては、
★作付面積はあらかじめ決まっているので１シーズンの出荷量は一定。
★植物の成長は促進できない。

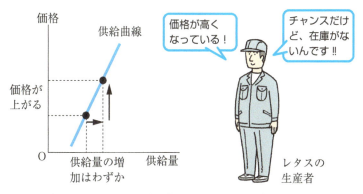

これらの理由から、すぐに需要に合わせた生産の対応できないので供給曲線の傾きは大きくなると考えられます。

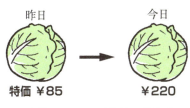

レタス市場では、需要曲線、供給曲線ともに傾きは急な状況として描かれます。

天候が良くレタスが豊作で、昨年より供給がわずかでも増加した場合、供給曲線は右シフトするため、均衡点はAからBになり、価格の暴落をひき起こすことになります。

なぜなら、豊作だからといって消費者の好みが突然変わることはないので需要曲線はシフトすることはないためです。

逆に不作だと、大幅な価格の急騰が予想されます。

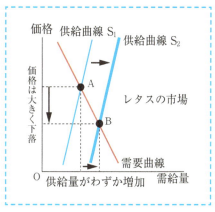

Unit 07　供給曲線もまたさまざまなタイプがあります　71

2 価格の変動を抑えるには？（野菜工場と価格）

ステップ 3

視点を変える

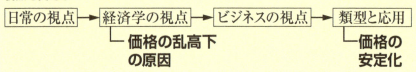

スーパーに行って野菜売り場を見渡せば、キャベツやレタス、ホウレンソウのように毎日、価格が変動するものがある一方、カイワレダイコンやエノキダケのようにほとんど価格変化がないような野菜もあります。どのような違いがあるでしょう。

毎日、同じ値段の野菜ってあるの？

レタスやキャベツ	←比較→	カイワレダイコンやエノキダケ
価格の変化が激しい		**低価格でほぼ一定**

天候に左右され、需要への対応、出荷量のコントロールが難しく、価格の高騰が時には社会問題にまで発展してしまう可能性があります。

野菜工場で生産され、年中、天候に左右されず、いつでも必要な量を必要な時に供給できる野菜です。そのため、まるで組立工場で生産される工業製品のように価格が安定しています。

毎日同じ値段なら、家計への影響も少なくなりますね。

価格の変動が激しく、需給のコントロールが難しい野菜は、今後、技術が向上すれば、野菜工場でも生産できるようになることが予想されます。そうなれば需要者へ即応が可能になるはずです。

確かにエノキダケって、全国どこに行っても同じ形で値段もいつもかわりません。野菜工場で作られた野菜はまるで量販店の電化製品のように、需要に合わせてすぐに生産でき、出荷できるのでいつも低価格です。

経済記事に「出る文」

　自然災害によって供給が一時ストップすると、生活必需品（需要量の変化が小さい＝需要曲線の傾きが大きい）ほど価格が急騰するために社会問題になります。

Unit 07　供給曲線もまたさまざまなタイプがあります | 73

確認問題

次の図ア〜ウは縦軸に価格を、横軸に需給量をとり、土地の需要曲線をD、土地の供給曲線をSとして表したものです。土地という特性を考慮した市場のグラフで妥当なものを選んでください。

（D：需要曲線、S：供給曲線）

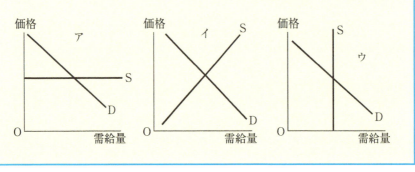

【解説】

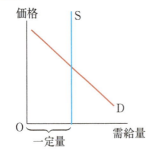

需要曲線はア〜ウまで同じものですが、供給曲線の傾きを見て土地の特徴を表すものをを選ぶことになります。

土地はいくら需要が高まっても、一定量として固定されているので供給量はまったく増えません。

したがって、横軸に垂直な供給曲線が描かれ、**ウが正解**です。

垂直な供給曲線の特徴として、
① 需要が変化して需要曲線がシフトした場合、
② 価格の変化が右上がりの供給曲線より大きくなると考えられます。この供給曲線の形状では不動産価格が乱高下しやすいことが判明します。

Unit 08

激安ランチは買い手も売り手もお得なものだった
人それぞれの需要曲線がある

大学までの街を散策

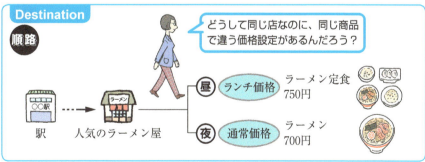

この Unit では、大学の近くにある人気のラーメン屋に行きます。

学生街につきもののランチ激戦区ではお得な価格を設定しているお店が多くみられます。どうして安く販売できるのか？ それがどのように経済学的な思考に裏打ちされたものなのか考えていく必要があります。

ランチ価格というのは、定食屋ばかりか高級レストランでもランチは安く提供しているような場合があり、よくネットでも話題になっています。もちろん、ランチだからといって手抜き商品を出すわけではなく、通常の料理とまったく同じものを特定の時間に限って出しているのです。

　ふとまわりを見渡すと、じつはいたるところで同様の戦略が観察できます。たとえば、鉄道会社の学割、携帯電話の料金には深夜の割引通話料や家族割などもありますが、これらを利用しても品質が悪くなることはなく、通常と同じ商品・サービスが提供されるはずです。

え！ 学割って、学生なので優遇して安くしてあげているのと違うの??

いいえ！ ちゃんと経済学的な戦略があるんですよ！

1 需要の価格弾力性

　まず、どうしてお店は同じ商品なのに異なった料金で提供するのか？　この人気のラーメン店に行く人を、お得なランチに行く人と、通常の価格の時間帯に行く人の動機で分類してみましょう。

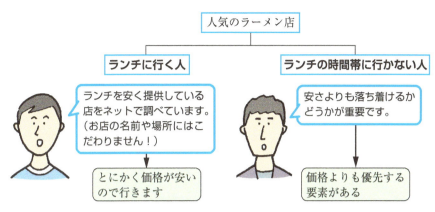

ランチに行く人は「安さ」を理由に選択し、ランチの時間を選ばない人たちは価格以外の理由でこの店ならではの食事の重要性を選んだ人たちです。

まったく同じ商品なのに、異なるのはそれを選択したお客さんたちの志向です。

これを説明するためには、**需要曲線**を用意します。価格が下がったときにどれだけ需要量が増加するのかを表現するものとして、**需要の価格弾力性**というツールを使います。

> **Key Point**
>
> 需要の価格弾力性 = (どれだけ需要量が変化したかという割合) / (どれだけ価格が変化したかという割合)

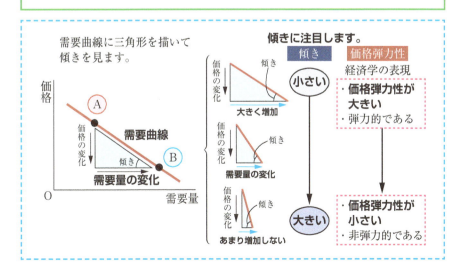

Unit 08 人それぞれの需要曲線がある | 77

価格弾力性は、傾きが小さい時には、「価格弾力性が大きい」と表現され、傾きが大きくなると「価格弾力性は小さい」とよばれます。ちょっと、アベコベの印象ですね。

《参考》弾力性の考え方

「弾力性」という少し聞きなれない言葉ですが、弾力という言葉通りに落下したボールがどれくらい弾むのかをイメージしてみましょう。同様に、価格が下落すれば、どれくらい需要量は大きくなるのか？　その割合が価格弾力性になります。価格弾力性が大きいほど価格の変動に対して需要量が大きく変化することになります。

2 高くてもよい人には高く、安く買いたい人には安く売る（差別価格戦略）

次に、ランチの利用・不利用の消費者のそれぞれの需要曲線を需要の価格弾力性という言葉を使って説明していきます。

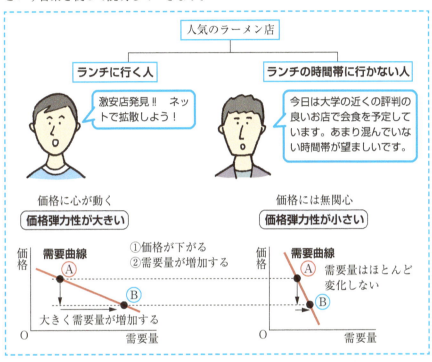

それぞれの消費者は異なった需要曲線になります。需要の価格弾力性が大きい人は価格の下落に応じて需要量が大きく増加し、逆に、需要の価格弾力性が小さい人は価格には無関心なので、ランチでもそれ以外の時間でもどちらでも行くことになるでしょう。

そこで、レストラン側は利用するお客を需要の価格弾力性ごとに分断して、複数の「市場」を設定したうえで経営を考えたほうが多くの利潤を獲得できると想定します。

こうした安くすれば買う人には安く、高くても買う人には高く売るという異なった価格を設定することを価格の**差別化**または**差別価格戦略**とよばれます。

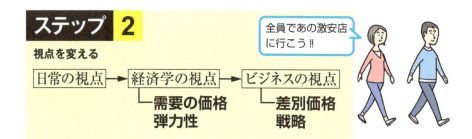

ランチのように格安で提供すると会社は儲からないのではないかと心配する人もいるでしょう。

しかし、十分に儲かるような経済学的なメカニズムが背景にあるのです。この分断されたマーケットにおいて、需要の価格弾力性が大きいお客を対象とする市場では、薄利多売を採用し、たくさんの量を販売することによって安く売った分の採算を取ろうと考えます。もう一方の、価格弾力性が小さい客層には、多少価格を高く設定して、サービス面を充実させようとするはずです。同じ商品でも1つの市場で売買するよりも、複数の市場に分割したほうが利潤が大きくなります。

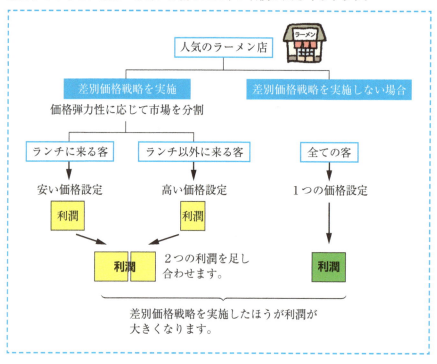

同じ考えに基づくと思うのですが、どうしてレディースデーがあるのにメンズデーはないのですか？

女性客の場合、友人や彼氏を誘うので、安く設定しても集客が期待できます。
しかし、メンズ・デーを設定しても男性1人客が多くなるので割引のメリットはなく、採用されにくいはずです。同様に、家族割や学割も複数回利用が考えられるので、採用したほうが企業にとって長期的な顧客の維持につながります。1回限りの通話なら通常料金でも利用できるはずです。

モバイル産業は、激戦市場となってからは、少しでも収益を確保するために、通常料金以外に、従来の学割や深夜割引以外にも家族割、シニア料金を設定、需要の価格弾力性に応じて市場を分断し、同じサービスでも別々の料金を設定しています。それでも、弾力性が小さい割引適用外の日中の通話も企業や自治体が使用する頻度が高いので、通常料金は維持されています。

経済記事に「出る文」

モバイル市場には携帯大手3社に対抗して「格安スマホ」企業が参入し、ユーザー数は右肩上がりで増加しています。これは、差別価格によって、メーカーにこだわりがなく価格の安さに注目する、いわゆる**価格弾力性が大きい消費者層**のスマホ需要が拡大したことによって、新しいマーケットを開拓した結果となりました。

確認問題

次の1〜4のなかで、需要の価格弾力性に関する説明として妥当なものを選んでください。

1. たばこの値上げにともなって、禁煙者が急に増えたのは、喫煙者の需要が非弾力的だからです。

2. しかし、大酒飲みの人は、お酒が値上がりしてもお酒がやめられないのは、お酒の需要が非弾力的だからです。

3. LCC（ローコストキャリア）進出の影響で訪日外国人が急増しています。これは、格安海外航空券の需要が非弾力的であるからです。

4. その一方で、ファーストクラスのサービスも拡大し、食事やシートが充実させています。これはファーストクラスの需要が弾力的であるためです。

（地方上級　改題）

【解説】

1. ×　たばこの価格の上昇で、需要量を大きく減らしているので弾力的になります。

2. ○　お酒の価格が高くても購入する量が変わらなければ非弾力的です。

3. ×　価格引き下げによって、旅行者を増やしているので格安航空券は弾力的です。

4. ×　ファーストクラスの利用者は価格にあまり影響されないので非弾力的になります。　以上より、**2が正解**です。

Unit 09 どうしてソシャゲは似たモノばかりなのか？
無料で遊べるゲーム、メーカーは初動の利潤を見逃さない！

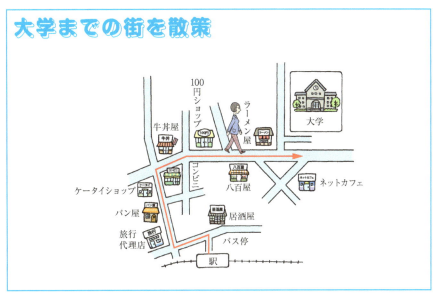

大学までの街を散策

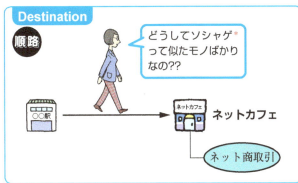

＊ソシャゲ（ソーシャルゲームの略、Social network game）は、インターネットでダウンロードによって提供されるオンラインゲームで、主にSNSでコミュニケーションをとったり、攻略法などの情報交換をしながらプレイをします。本書では、ソシャゲと表記します。

　地図では近くにネットカフェがあるので、インターネットを通じた商取引についてみていくことにします。

　前Unitでは同じ商品を別の価格で提供する価格差別化をとり上げましたが、言

葉では同じ「差別化」という論点でも、このUnitでは異なった視点にある**製品の差別化**について説明していきます。

　一般的には、どちらも差別化戦略という言葉で使われがちですが、価格を差別化して安く買う人と高く買う人の市場を分割するのではなく、製品差別化では従来のモノから離脱して、新しいブランドをつくってその商品の市場を創設していきます。

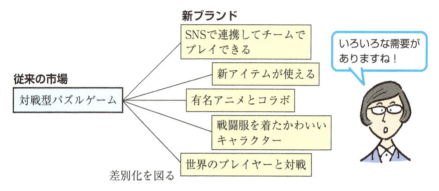

1 価格差別化ではなく、製品差別化

　「製品」の差別化戦略は、経済学では、**独占的競争企業**という形態として説明されます。これは独占企業（1社しかない）と競争企業（多数で競争しあう企業）の2つの性質を持つということです。

　ひき続きソシャゲを例にこの企業の形態を説明します。スマートフォン（スマホ）のアプリストアを検索するとソシャゲのブランド（タイトル）は次々に新しいものが登場していることがわかります。

　もう十分過ぎると思うはずですが、それでも毎日毎日つくられ発表されています。どうしてこのように過剰につくる必要があるのでしょうか？

ゲームもアプリも数が多すぎて、検索がたいへんです！

ほとんど無料だから、ダウンロードして試したゲームやアプリも多いよ。

　ソシャゲは基本的に無料で遊べるものなので価格を差別化することができず、差別化された価格設定による利潤拡大はできません。そのため、市場を拡大するためには新ブランド（新タイトル）をつくって拡大させるしかありません。新しいブランドが登場すると、従来のモノとは差別化され、最初は1社しかないので、まるで独占企業のように行動でき、そこからの課金によって利潤を獲得できます。

　しかし、その市場はソシャゲ・メーカーという大企業でなくても個人ですら自由に参入できるインターネットの世界です。「儲かる」のであれば、いくらでも他の生産者が新規参入してくるので、時間とともに競争が激化し、利潤がなくなるまで類似のゲームを提供する企業の参入が絶えないはずです。

　つまり、当初は独占だけれど、だんだんと競争状態になる、これが独占的競争というものです。

新ブランド
・新規参入が容易
・撤退費用も少額

ソシャゲに限らず、価格競争できない女性ファッション誌も同様に、模倣しやすく、参入も容易なので、新しいブランドが次々に生産され、ブームが起きれば市場に多く出回ります。

個人でも、製品をつくれて、市場に参入できますね。

個人でもヒット商品をつくれるので、すごい競争になるね。

　ソシャゲはスマホを使い、コミュニケーションをとりながらゲームを進めるという新しいものでしたが、実際には非常に模倣がしやすく、開発費も少額で参入も撤退もしやすいのです。新ゲームのタイトル数が膨大になりすぎて、初動の利潤を獲得することが主な目的になってしまったものが多くあります。そのため、常に新しいブランドを次々につくらなければ生き残れない状態になっています。

　そして新ゲームのなかで、短期的には爆発的なヒット商品も登場しますが、多くの場合、次々に模倣した同じようなゲームによって市場が埋め尽くされ、長期的には利潤はほとんどなくなってしまいます。

しかし、大きな利潤は期待できなくなりますが、ブランドに特化した客層を抱えることが可能になり、開発に苦労したことはまったくムダになることはありません。

そのため、大きな赤字経営になることはありませんが、惜しまれながら完全に撤退する場合でも、サーバーから削除するだけなのでその費用は少額なはずです。

2 ヒット商品はマネられる（短期と長期）

独占的競争市場の生産者として、ソシャゲ企業を例にあげてきましたが、そのサービスは、スマホ上でコミュニケーションをとりながらゲームをするという製品差別化があり、短期的には独占企業と同じ形態として超過利潤を獲得することが可能になります。これを以下で短期均衡と長期均衡＊に分けて説明します。

＊経済学では「長期」「短期」という用語が出てきます。これは経済学でなくても日常使うような言葉ですが、経済学では具体的な期間の長さを示しているわけではありません。短期は需給が均衡していない状態です。一方、長期では価格調整が伸縮的に作用して需給が均衡しています。

生産者は短期では生産量や労働者数を調整できますが、工場の規模や数までは変更することはできません。しかし、長期であれば工場の新規増設も可能であり、すべての生産要素が可変的になります。

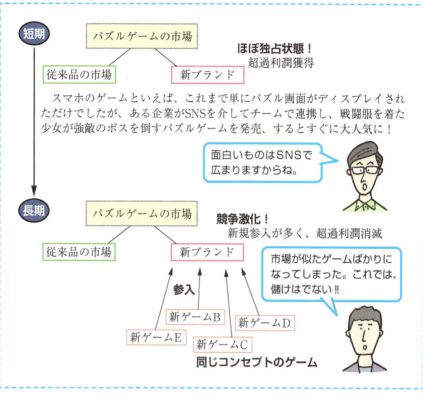

　ソシャゲは独占市場だったとしても、それは何らかの参入阻止ができるわけではない（特許権や著作権があれば参入を阻止できますが）ので、どんどん新規の企業が参入してきて類似の商品が登場してきます。

　後発企業はある程度の仕様がわかっているので、簡単につくることもできるでしょう。これによって、最初に独占利潤を持っていた生産者はその超過利潤が消滅するまで、他の生産者の参入が続き、超過供給は価格を引き下げていきます。やがて参加している生産者は**超過利潤ゼロ**になって参入がストップします。

　具体的に言うのであれば、長期均衡における超過利潤ゼロというのは、収入－費用＝利潤なので、価格（1個あたりの収入）と平均費用（1個あたりの費用）が等しくなるときに、参入しても超過利潤が期待できなくなるという状況です。

Key Point

独占的競争市場の長期均衡では、価格は平均費用と等しくなり、超過利潤はゼロになります。

経済記事に「出る文」

2013年に登場した1杯100円でコンビニエンスストアが提供する「淹れたてコーヒー」は爆発的なヒット商品となりました。

それによりコンビニ各社は、さらにコーヒー戦略を拡大させるさまざまなブランドを確立、オリジナル商材を打ち出して、**製品差別化**をはかっています。

確認問題

独占的競争に関する記述のうち、妥当なものはどれですか。

1. 独占的競争では、他の多数の企業と競争関係にあるため、独自に価格を決定する力を有していません。
2. 独占的競争では、製品の差別化が存在して、価格や生産量の決定に関して他の企業の反応を考慮しなければなりません。
3. 独占的競争における短期均衡では、競争市場と同様に生産量を決定します。
4. 独占的競争における長期均衡では、利潤最大化における価格水準は平均費用と等しく、正常利潤を超える利潤はゼロです。 （地方上級 改題）

【解説】

1. ×　短期においては独占と同様に独自で価格を決定します。
2. ×　他の企業の反応は考慮されません。
3. ×　短期では独占企業と同様になるので、価格は競争市場よりも高く設定され、競争市場よりも少ない生産量になります。
4. ○　長期均衡では超過利潤ゼロになります。

したがって、**4が正解**です。

Unit 10 何よりも他店のことが気になるネットショップ
ネットショップは上位表示の争奪戦だった

　これまでは価格は市場の力で決まることを学習しました。この市場の力が機能しないような独占市場の場合でも政府の介入によって適正な価格が実現されることも示しました。一方で、独占市場のように1社しかその市場に存在していないというのではなく、数社で市場を独占しているような**寡占市場**とよばれるようなところでは、少し変わった価格形成が行われています。

　たとえば、人気の電子機器を買おうと思っている人は、家電量販店や価格情報サイトで商品を検索する場合も多いでしょう。情報サイトというのは、日本全国の販売店の価格がみられるというわけではなく、この情報サイトに参加している数社の寡占状態で価格を競い合っている情報と考えることができます。

　寡占市場における価格変化を確かめるために、実際に価格情報サイトのようすを2日間追っていくことにしました。サンプルは、人気のコンパクト・デジタルカメラAです。

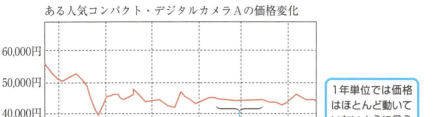

この商品の約1年間の価格変化をみると、大きく変動しているところもあれば、ほとんど価格が動いていないところもあります。ここで注目するべきところは後者のような価格が硬直してみえる状態の時です。

このような価格が変化していない期間でも、24時間分刻みで覗いてみると、ショップ間のすさまじい競り合いが行われているのです。

1 「1分きざみ」の価格競争

ネット経由の商品売買は、90年代後半からIT化が進んだことによって拡大しました。その特徴的なこととして、価格変更が容易になり、そのことが価格競争を促進させているともいわれています。

価格の情報サイトの場合、商品価格が安く提供されているショップの順序で表示され、しかもそれは多数の売り手と買い手が同じ画面で向き合っているため、売り手はパソコンの画面をみながら競合他社の動きを24時間みることができるのです。さらに対面販売ではないので、この価格競争において、大手家電量販店も無店舗個人経営店も消費者からは同列で評価されているのです。

デジタルカメラA製品に関して、実際に観察した競合各社の時間ごとの状況をみてみましょう。

状況1　① 3月9日　18時22分

ネットでデジタルカメラを購入しようとする人は夜間の時間帯に閲覧が集中すると思われます。そのため、日中の時間帯はほとんど価格が動きません。

消費者だけでなく、ショップの生産者も無関心な時間帯ですね。

コンパクト・デジタルカメラAの価格情報サイトの表示

順位	価格	送料	地域	ショップ
1位	45,949 円	無料	東京	D 社
2位	45,950 円	無料	神奈川	P 社
2位	45,950 円	無料	東京	E 社
4位	45,960 円	無料	東京	PO 社
5位	46,000 円	無料	東京	DE 社
5位	46,000 円	無料	東京	EX 社

最安値で販売しているショップが最上位で表示。

状況2　② 3月9日　22時32分

21時頃から各ショップは価格設定を行い始め、23時頃までに、おおよそ上位の最低価格に追随してきます。これは仕入れ値や市場価格などを考慮しているのではなく、競合する他のショップがどのような価格設定を行うのかを自社の価格決定の主因にしているためと思われます。

順位	価格	送料	地域	ショップ
1 位	45,940 円	無料	神奈川	P 社
1 位	45,940 円	無料	福岡	H 社
1 位	45,940 円	無料	東京	D 社
1 位	45,940 円	無料	東京	N 社
1 位	45,940 円	無料	東京	E 社
1 位	45,940 円	無料	東京	DE 社
6 位	45,960 円	無料	東京	PO 社

1 位のショップの価格に追随し始めます。

最安値に並んできます。

2 他社の行動で自社の行動が決まる（追随と静観）

深夜帯になると生産者はある特徴的な行動をみせるようになります。

状況3 ③ 3月10日　1時22分

もっともアクセスが集中すると思われる午前0時〜1時には、さらに価格競争が行われ、最安値のショップが最上位にランクされるたびに他のショップが追随してくる状況になります。それは「1分きざみ」で価格が変わることもあります。ただし、値下げ幅が極めて少額な1円や10円単位の競り合いで上段表示の争奪戦になっています。

順位	価格	送料	地域	ショップ
1 位	45,500 円	無料	福岡	H 社
1 位	45,500 円	無料	東京	D 社
1 位	45,500 円	無料	東京	R 社
4 位	45,940 円	無料	神奈川	P 社
4 位	45,940 円	無料	東京	G 社
4 位	45,940 円	無料	東京	N 社
4 位	45,940 円	無料	東京	E 社
4 位	45,940 円	無料	東京	DE 社

1 位のショップの様子を他のショップが観察し、即座に価格変更を行っていることがわかります。

消費者も、どのタイミングで、どのショップから購入するべきか？ 悩むと眠れなくなります。

安さをウリにしているショップはできるだけ上位を狙うけど、安さを最優先しないショップは他店とポイント還元率や送料、各種特典、支払い方法などで勝負しているんだ。

状況4　④3月10日　5時33分

翌朝には各ショップとも競り合いが終了し、ほぼ同一価格水準で均衡しました。価格が上昇したショップもありますが、それには他店は追随せず静観しています。

わずかな時間に消費者も生産者も集中して、その後に一気に退散した感じだね。

順位	価格	送料	地域	ショップ
1位	45,939 円	無料	東京	D社
2位	45,940 円	無料	神奈川	P社
2位	45,940 円	無料	東京	G社
2位	45,940 円	無料	東京	N社
2位	45,940 円	無料	東京	E社
2位	45,940 円	無料	東京	DH社
2位	45,940 円	無料	東京	P社
8位	46,000 円	無料	東京	DE社

価格をひき上げたショップもあります。

　電子商取引の発達によって容易に価格が変更できるようになったことと同時に、消費者がいつでも利用したい時間に価格を確認できるようになりました。それは、売り手と買い手双方とも価格変更のようすもあからさまにみることができることになるので、**常に相手の出方を気にしながら行動をしなければならなくなり、生産者は他社の価格引き下げには追随し、引き上げには静観する**ような動きをするようになります。

経済記事に「出る文」

IT化が進んだことによって、価格変更が容易になり価格競争を促進させました。これにより消費者の価格志向も1990年代以降に急激に上昇したため、**価格弾力性**が急上昇し、生産者は積極的に特売回数を増加させましたが、一方、値下げ率は1円単位の縮小傾向になりました。

確認問題

寡占市場を分析するために、用意される仮定の中で妥当と考えられるものはどれですか。

1. ある企業が製品価格の変更を行うとき、競争関係にある他企業は、その製品価格よりも常に低い価格設定を行うことを前提としています。

2. ある企業が製品価格の変更を行うとき、競争関係にある他企業は、現行価格を維持し、生産量のみを増加させることを前提としています。

3. ある企業が製品価格の変更を行うとき、競争関係にある他企業は、価格の引き上げには追随しますが、価格の引き下げには追随しないことを前提としています。

4. ある企業が製品価格の変更を行うとき、競争関係にある他企業は、価格の引き上げには追随しませんが、価格の引き下げには追随することを前提としています。

(地方上級　改題)

【解説】

寡占市場において、価格の引き上げには追随しませんが、価格の引き下げには追随することを前提する考え方があります。(屈折需要曲線の理論)

正解は 4 です。

第2部 経済学を勉強するための準備

　第2部では、経済学の学習に必要な知識として「数学みたいな」ことを学習します。数学の学習経験がある人もない人もどちらも経済学で使うツールとして、この準備段階としての強化合宿に参加しましょう。

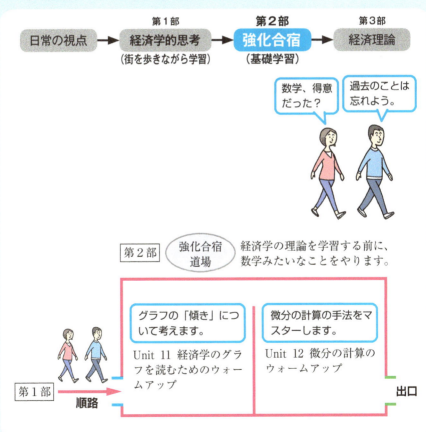

Unit 11　経済学のグラフを読むためのウォームアップ
グラフは経済学の最大のツール

　経済学が難しいといわれるのは、多くの計算問題を「微分」という手法で解かなければならないことです。

　そういわれると高校時代の教科書をひっぱり出しがちですが、数学や物理で使う微分とは少し異なります。はじめて微分を学習するかたも、これまで学習経験のあるかたも、同じスタートラインで進めていきましょう。

経済学のグラフを読む前に

　この「微分」という計算はグラフの解釈と切っても切れない関係になっています。それは経済学で必要となるのは、**「ただ1つの値」**をみつけることが重要な課題であり、グラフを描くことによってそれがどこにあるのかが容易にイメージできるからです。

　たとえば、ボールで長距離にある的を狙った場合、単に力を入れて直球で投げるのではなく、弾道における**「一定の法則」**を見抜き、どのような角度で放ち、放物線の頂上がどのあたりにくるのか考えて命中させるとします。

　この時、ボールの角度、つまり「傾き」はだんだん小さくなっていき、**頂点では傾きはゼロ**になるでしょう。そして落下していくボールの傾きは大きくなっていっていきます。経済学における「微分」は、この考え方が必要になります。

　なぜなら、経済学の問題で問われる「利潤が最大になる」や「満足度が最大になる」という**最大値は1つしか存在しない**ので、それは曲線を描いたときに「傾きがゼロ」になる頂点のところだからです。

　このポイントをみつける作業が必要なので、常にグラフの「傾き」と経済学の試験の答えはシンクロした関係になっているからです。

利潤の最大を求める場合は、利潤のグラフを描いて、頂点の場所を探せばよいわけですね。

1　グラフの「傾き」を抜き取って、新たにグラフをつくってみる

　第1部でも、いくつかグラフが登場しましたが、今度はこれらを経済学で使いやすいような形に変えていく必要があります。つまり、「傾き」という概念を使って、**「微分する」**という作業に使うための手順を説明していきます。

作業-1　「傾き」を追っていきます。

　Unit 02で紹介した費用（コスト）と数量（生産量）の関係を表したグラフを持ってきます。

　縦軸の費用（コスト）はCostの頭文字を使って「C」とおきます。横軸の数量（生産量）はXとします。

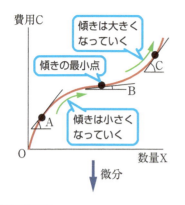

作業-2 「傾き」をグラフにしていく

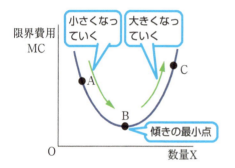

　微分はグラフの「傾き」の大きさをもとにグラフ化させていく作業になります。左図のA、B、Cの箇所に注目すると、接線の傾きがもっとも小さくなっているB点を底としたちょうどオワン型の形状の底になることがイメージできるはずです。

　費用関数「C」を微分、つまり「傾き」をグラフにしたものは「限界」（記号では「M*」）という言葉が付けられ、**限界費用曲線**（MC）となります（詳しくはUnit 13でとりあげます）。

　経済学で「微分をする」というのは、このように「傾き」だけに着目したグラフにすることになります。

＊限界を表す「M」
　微分を行ったことを示す「限界」は、Marginal（マージナル）の頭文字をとったMで表されます。これはマージンの派生語にあたり、「増加分」のイメージができると思います。

> **確認問題**
> 　縦軸を収入（R）、横軸を数量（X）とした場合、収入曲線（R）が次の図のように表されています。このとき、限界収入曲線（MR）はどのような形状になるか、妥当なものを選んでください。

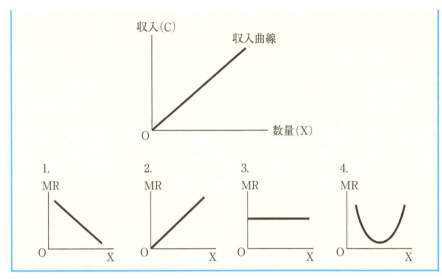

【解説】

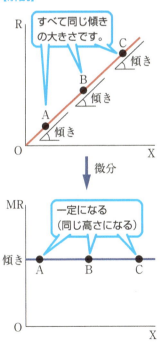

問題で示されている収入曲線（R）は、原点からの直線なので、左図のように任意の点、A点、B点、C点の点でも確認できるように、どの点でも「傾き」が同じになっています。

「微分する！」というのは任意の点の接線の傾きを見ていくんだ。A、B、C点などの点を適当に定めて傾きがどのように変化しているのか確認してみましょう。

この傾きをグラフにする、つまり微分をすると水平線になることがわかります。

したがって、**正解は 3** になります。

ちなみに、収入曲線（R）を微分したものは**限界収入曲線**（MR）になります。

「傾き」をグラフにするといっても、分度器で正確な角度を求める必要はなく、流れ（トレンド）を把握することが重要なんです。

2 接線の「傾き」

　グラフの「傾き」を求める際にＡ点、Ｂ点といった任意の点を定め、そこに接線をひいて、三角形をつくってその大きさをみていましたが、もう少しこの手順を噛み砕いて説明していきます。

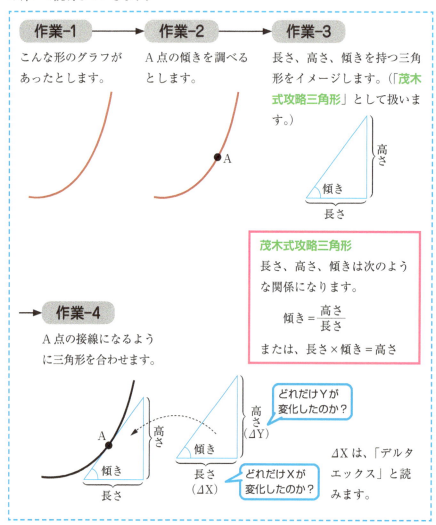

　「長さ」や「高さ」というのは、原点からの長さではなく、どこか任意の点から任意の点への線分の長さと考え、それがどれだけ変化したのか、つまり**変化分**と

します。A 点に合わせた三角形は長さが変われば高さも変わりますが傾きは同じです。変化分には **Δ（デルタ）** という記号を使うので、横軸が X であれば ΔX、縦軸が Y であれば ΔY として、傾きは以下のように表されます。

$$傾き = \frac{高さ}{長さ} \longrightarrow 傾き = \frac{高さの変化分}{長さの変化分}$$

なので、

$$傾き = \frac{\Delta Y}{\Delta X}$$

という形で表されます。

3 原点からの「傾き」

グラフの任意の点に接線をひいて傾きを考える以外に、経済学では原点からの傾きをみる場合も多くあります。それは微分とは異なった意味合いを持ちます。

作業-1

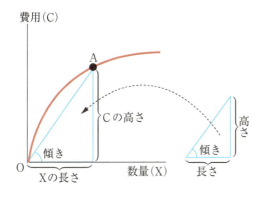

Unit 02 で登場した左図の費用（C）と数量（X）の関係のグラフを用意してみます。任意の A 点を定めて、原点からの傾き、長さ、高さを示します。

茂木式攻略三角形

$$傾き = \frac{高さ}{長さ}$$

作業-2

この長さや高さは変化分ではないので Δ（デルタ）は不要です。
ここで傾きを示すと、次のような式になります。

$$傾き = \frac{高さ}{長さ} = \frac{数量(X)}{費用(C)} = 1個あたりの費用 = \textbf{平均費用}$$

グラフの高さは生産にかかったすべての費用であり、それを横軸の数量で割り算するので、「傾き」は1個あたりの費用を示すことになり、それは**平均費用**のことになります。

つまり、平均費用というのは計算式で求めることができますが、同時にグラフにおいても、原点から線をひくことでどのようなトレンドで生産量に応じて平均費用が変化しているのかを把握することが可能になります。

たとえば、前の図のようなグラフの形状だと、生産をすればするほど1個あたりの費用である平均費用は小さくなっていくことがわかります（もちろん、接線の傾きも小さくなっていくので限界費用も小さくなっていることが判断できます）。

原点からの「傾き」が平均費用になるなんて‼ ちょっと、視点が異なっていて不思議な感じがします。

接線の傾きが限界費用で、原点からの傾きが平均費用なんだね！

4 制約条件があるケース

数量というのは確かに無限に続きますが、時間のように24時間、365日という制限されたものもあります。こうした制約がある場合の長さ、高さ、そして「傾き」に関して検討してみたいと思います。

例-1

次の図のように縦軸に所得（M）、横軸に労働時間（L）のグラフをつくってみます。そうすると、長さ×傾き＝高さにあてはめると、傾きは時給として、労働時間（8時間）×時給（500円）＝所得（4000円）になります。

しかし、時間は無限ではないので、このグラフは妥当とはいえず、24時間または365日といった一定の制約がある形にグラフを書き換える必要があります。

確かに、長さ、高さ、傾きの関係は成立しているけど…

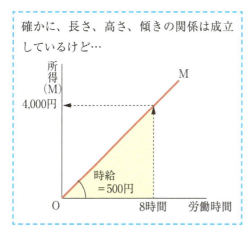

例-1（修正）

今度は横軸を労働しない時間に設定します。労働しない時間というと違和感があると思いますが、経済学では**余暇時間**と表現され、これを横軸に設定します。

そうした場合、横の長さは24時間以内に限定され、24時間の中で余暇に使わなかった時間が差し引きで労働時間として求められることになります。

そこから三角形をつくり、長さ×傾き＝高さの関係を見ていきます。たとえば、余暇時間が16時間の場合、24時間－16時間＝8時間が労働時間です。さらに、労働時間（8時間）×時給（500円）＝所得（4000円）という関係式をこのグラフからつくることができます。

このグラフでは長さ、高さ、傾きの関係は成立していて、24時間という制約条件も満たされています。

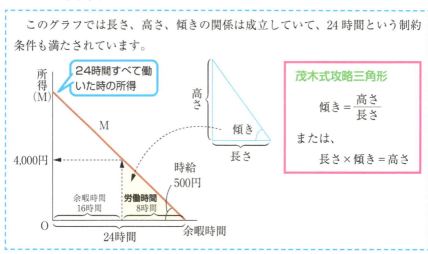

確認問題

縦軸を固定費用（FC）、横軸を数量（X）表したグラフを用意します。原点から任意の点（A点、B点）を結ぶ線分の傾きから判明することについて妥当なものを選んでください。

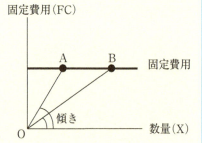

1. 固定費用は数量に関係なく一定額であり、生産量が大きくなるほど1個あたりの固定費用は小さくなります。
2. 固定費用は数量に関係なく一定額であり、生産量が大きくなるほど1個あたりの固定費用は大きくなります。
3. 固定費用は数量に関係なく一定額であり、生産量に関係なく1個あたりの固定費用は一定になります。
4. 固定費用は数量に応じて可変的な費用であり、生産量に関係なく1個あたりの固定費用は一定になります。

【解説】

固定費用は数量（生産量）に関係なく一定額です。原点と任意の点を結ぶ線分の傾きは、1個あたりの固定費用、つまり、**平均固定費用**を示すことになります。

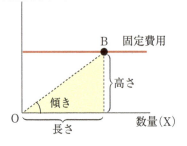

固定費用のグラフは一定額だから、同じ高さの線分になるんですね。

$$傾き = \frac{高さ}{長さ} = \frac{固定費用（FC）}{数量（X）} = 1個あたりの固定費用 = 平均固定費用$$

その傾きは、数量（生産量）が増加するほど小さくなっていくことがわかりま

す。これは1個あたりの固定費用が小さくなっていくことを示します。したがって、**正解は1**です。

5 経済学の問題で1つの値をみつけるパターン

経済学は結論が**1つの値**になるような体系を持っていることから、計算問題において、グラフを考慮した1つの数値が解答になるような問題が出題されます。どのような作業が必要になるのか以下のパターンを確認しましょう。

交点をみつけるパターン

もっとも使用頻度が高いものが、2つのグラフが与えられ、その交点をみつけ、1つの値を求めるパターンです。（決定された値には右肩に「＊」マークが付されます。）

P^*、X^*の値は、2つのグラフの連立方程式によって求めることができます。

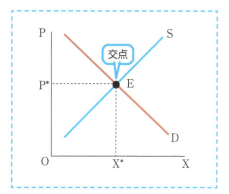

最大値（または最小値）をみつけるパターン

また、利潤が最大、満足度が最大といった最大値（極まれに最小値）を求める問題も多く登場します。

求め方自体は簡単で、それらのポイントは傾きがゼロなので、微分した値もゼロになります。

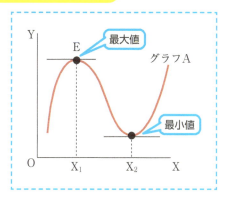

Unit 11 グラフは経済学の最大のツール | 105

「傾き」の一致に注目するパターン

さらに、2つのグラフ（グラフB とグラフC）が交点ではなく、一点で接する（接点）場合にもE点において傾きが一致しているので、傾きをもとに解答を出すことができます。

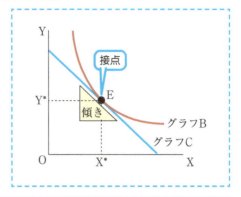

ミクロ経済学で使われる文字について

　経済学の問題では、本文の説明で使われているようなリンゴやイチゴといった具体的な名称ではなく、「ある財」とか、X財、Y財、Z財といった名称での出題になりますが、生産したり購入したりする数量もやはり英文字で表されます。

　たとえば、具体的に10個、20個という数字ではなく、X個とかY個の生産を行うという、ことになります。問題文の数量は、単にXとかYという文字だけで表されています。

　そうした場合、「X財をXだけ生産する」「Y財をYだけ購入する」といった、初めて経済学を勉強する人にはちょっと違和感がある文面になります。

　それだと、試験会場で出題された文字が何を表すのか考えるだけで時間を浪費してしまうと思われるかもしれませんが、実際に登場する文字はX、YやQなど限られたものになり、パターン化されています。

Unit 12 微分の計算のウォームアップ
やり方さえわかれば微分は超らくらく

ここでは経済学を「微分」という計算手法で解く際の手続きについて説明をしていきます。

1 微分の計算手法

微分はグラフの接線の傾きを求めることでしたが、これを計算式に表すと一定のルールがあるので、それをこの Unit で説明していきます。まず、グラフを描いたときに縦軸と横軸があって、たとえば、縦軸を費用（**C**）とした場合に、そのグラフの各点での接線の傾きは横軸の数量（**X**）が増えるにしたがってだんだん小さくなったり、大きくなっていきました。

その各点での傾きの値を集めたグラフが微分をしたグラフになったのですが、これを「**C を X で微分をする**」といういい方をします。

微分の計算における表記上のルール

C を X で微分するときの表記は、以下の2つのパターンがあります。

パターン-1

$$\frac{\Delta C}{\Delta X}$$

割り算というわけではなく、分数の形式で表記されます。読み方は分数ですが、「CをXで微分する」になります。デルタ記号は Δ を使いますが、「d」を使っても構いません。

パターン-2

$(C)'$

右肩に「′」を付けるケースでダッシュではなく、プライムとよびます。読み方は「Cを微分する」になります。

微分の計算における手順のルール

X^n の微分は次の手順で行います。

プロセス1

肩の数字 n を X の前の数字にかけ算します。

プロセス2

nX^{n-1}　肩の数字から1をひき算します。

これを練習しないと、経済学の得点に結びつかないわけだ。

2　微分の計算の例

ルールを覚えるだけでなく、いくつか例題をやってみてコツをつかみましょう。

例題-1

$4X^3$ を X で微分してください。

プロセス1

肩の数字が3なので、Xの前の数字4に3をかけ算します。

プロセス2

$4 \times 3 \times X^{3-1}$

肩の数字3から1をひき算します。
以上より、

$(4X^3)' = 4 \times 3 \times X^{3-1} = 12X^2$　**答え　12X²**

作業は2つだけ！これならいける!!

少しずつレベルを上げていきましょう。

例題-2

2X を X で微分してください。

プロセス1

肩の数字が1なので、Xの前の数字2に1をかけ算します。

2XのXの肩に数字が何も書いていないということは「1」ということです。

$X = X^1$

プロセス2

$2 \times 1 \times X^{1-1}$

肩の数字1から1をひき算します。
$(2X)' = 2 \times 1 \times X^{1-1} = 2 \times X^0 = 2 \times 1 = 2$　**答え　2**

Xの0乗になってしまいますが、X⁰というのは1になるんですよ。

※ $X^0=1$ になります。どうしてなのかは次のように説明されます。
(1) まず、$X^1=1$ です。
(2) 次に X^{-1} は、$\dfrac{1}{X}$ ということです。分数は肩の数字に−（マイナス）を付けるという決まりがあります。したがって、

$$X^0=X^{1-1}=X^1\times X^{-1}=X\times\dfrac{1}{X}=\dfrac{X}{X}=1$$

例題-3

5をXで微分してください。

プロセス1

$5=5X^0$

5という数字にはXの記号も付いていないし、肩の数字もありません。そこで無理にXと肩の数字を用意してみます。

$X^0=1$ なので、$5=5X^0$ とします。

肩の数字0をXの前の数字5にかけ算します。

プロセス2

$5\times 0\times X^{0-1}$

肩の数字0から1をひき算します。

0に何をかけ算しても0になってしまいますので、計算不要です。

$(5)'=(5X^0)'=5\times 0\times X^{0-1}=0$ **答え 0**

例題-4

$4X^3 + 5X^2 + 3X + 4$ を X で微分してください。

これまでのまとめとして計算を進めていきます。

$(4X^3 + 5X^2 + 3X + 4)'$
$= 4 \times 3 \times X^{3-1} + 5 \times 2 \times X^{2-1} + 3 \times 1 \times X^{1-1} + 4 \times 0 \times X^{0-1}$
$= 12X^2 + 10X + 3$

答え　$12X^2 + 10X + 3$

このようなまとまった算式のパターンがもっとも試験で使われます。

今度は、2種類の文字が入っている場合について考えてみましょう。

例題-5

XY を X で微分してください。

今度は、X とは無関係な Y が入っているパターンです。X で微分する場合、Y のように X 以外の文字は数字のようにそのままの状態することになります。

$(XY)' = 1 \times X^{1-1} \times Y = 1 \times X^0 \times Y = 1 \times 1 \times Y = Y$

　　微分はここだけ　└処理しません

答え　Y

例題-6

$20Y - 6Y^2 - XY$ を Y で微分してください。

さらに、まとめた計算式を解いてみましょう。Y で微分するのに Y とは無関係な X が入っていますが、これも数字のように扱う点に注意しましょう。

$(20Y - 6Y^2 - XY)'$
$= 20 \times 1 \times Y^{1-1} - 6 \times 2 \times Y^{2-1} - X \times 1 \times Y^{1-1}$
$= 20 \times Y^0 - 12 \times Y - X \times Y^0$　└処理しません
$= 20 - 12Y - X$

答え　$20 - 12Y - X$

参考までに、分数の場合についてもとりあげます（試験で使うことはめったにありません）。

例題-7

$\dfrac{1}{X}$ を微分してください。

分数の $\dfrac{1}{X}$ は、X^{-1} と書き換えることもできます。X^{-1} の形にしてから、微分を行います。

$(X^{-1})' = -1 \times X^{-1-1} = -X^{-2}$

方の数字がまた－（マイナス）になっているので、今度は逆に分数に戻します。

$-X^{-2} = -\dfrac{1}{X^2}$

第3部 経済理論

　第3部では、第1部と第2部で身につけた知識をもとに、経済理論をマスターしていき、実際に試験で出題された経済学の問題に挑戦します。

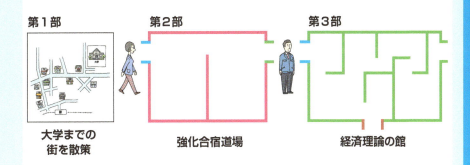

経済学という分野

経済学は消費者や生産者の行動、また、それらの集合としての社会現象を研究する分野です。これは研究対象が規定されるような法学や経営学とは異なり、人間の行動全般が対象となる社会科学になります。人間の行動の研究であれば、文学や哲学、心理学などでもカバーできる印象もあるでしょう。しかし、それら人文科学との違いは単純なモデルを設定し、そこに**一定の法則をみいだせばただ1つの値になる**ような結論になるという、まさに科学的な体系になっていることです。

ここで、結論が1つの値になる！　という分析手法について以下で説明します。

プロセス1　現実の経済問題

これから経済学の学習を行うにあたって、現実の経済はあまりに複雑すぎて、1つ1つを分析して問題解決するには途方もない時間と手間が必要になります。

そこで、経済学的な思考では「現実の経済」から、ある特定の事象のみをピックアップして**単純なモデル**をつくり、この範囲内での結論を導き出すという作業を行います。

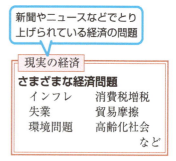

プロセス2　モデル化させる

このモデル化にあたっては、非常に合理的な作業を行います。

例をあげれば、「生産者は1種類の商品しかつくっていない」とか「消費者は2種類の商品しか購入しない」といった単純化させた世界を仮定します。それは、単純化された限られた範囲内では、モデルを使うことによって一定の法則を簡単にみいだすことが可能になるからです。

それらの導出された一定の法則を組み合わせると、まるで「風が吹いたら桶屋が儲かる」がごとく、さまざまな事象の関係が芋づる式に関連しあっていることが判明します。

最後に、このモデルによって導出された結論を実際の経済のなかにあてはめ、どのような政策が望ましいのかという議論が可能になっていくのです。

第3部の順路

入口は2か所あって、ミクロ経済学の登場人物である消費者と生産者は別々の入口から入ってきます（Unit 18からもう1人の登場人物である政府が介入してきます）。

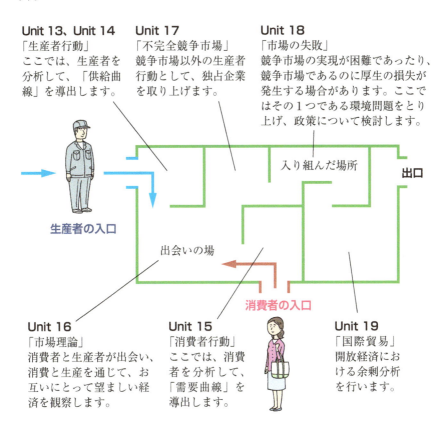

Unit 13

微分を使う最初のステップ
生産者はどのように利潤最大の生産量を決定するのか?

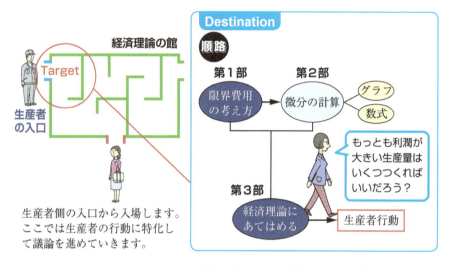

生産者側の入口から入場します。ここでは生産者の行動に特化して議論を進めていきます。

微分を使って、本試験レベルにまで使いこなせるように知識を深めていきます。

生産者は、市場で与えられた価格をもとに**利潤最大の生産量**を決定します。

利潤の求め方

$$利潤 = 収入 - 費用$$

野菜を栽培して5千円の費用がかかったけど、それを売って8千円の収入を得ました。この場合の利潤は?

収入が8千円、費用が5千円なら差引、8千円−5千円＝3千円が利潤です。

この式の中で収入というものが登場します。収入はビジネスにおいては売上の金額ですが、これは1個の価格×生産量で求められます。ミクロ経済学では生産量、

つまりつくったものはすべて売れると仮定するので、販売量＝生産量になるからです。

　1個売ることによって得られるお金は、当たり前のことですがその財の「価格」分の収入になります。では、次の例題を解いてみましょう。

　では、これまでの知識を使って次の例題を解いてみましょう。

例題

　ある生産者はＡという財を生産しています。この財の市場価格は10円です。

　製造にあたって費用は $TC = Q^2$ で表される場合、利潤最大の生産量を求めてください。　　　　　　　　　　　　　　　（Qは Quantity、Pは Price の

（Q：生産量、P：価格、TC：総費用）　　　　頭文字です）

　生産量と収入、費用、利潤の関係を表を使って追跡していきます。

Ａ：収入：1個の価格×生産量。

Ｂ：費用：問題文より、生産量の2乗。

そこから、Ａ：収入からＢ：費用をひき算してＣ：利潤を求めます。

産量	1	2	3	4	5	6	7	8	9
A：収入	10	20	30	40	50	60	70	80	90
B：費用	1	4	9	16	25	36	49	64	81
C：利潤	9	16	21	24	25	24	21	16	9

> 1個10円なので、生産量が増えれば10円ずつ収入が増えます。

> 生産量の数字を2乗して求めます。

> 収入から費用をひき算します。

　この図をみると、ちょうど5個生産した時が利潤最大になっていることがわかります。利潤の欄をみると、生産量にしたがってだんだん大きくなっていき、最大値をむかえた後、小さくなっていくことがわかります。ちょっとまわりくどいいい方をすれば、4個だともう1個多くつくったほうが利潤は増すだろうし、6個だともう1個減らしたほうが利潤が大きくなります。

　上表では、順を追って1つ1つ生産量を増やしながらみましたが、通常、経済学ではこれを1発で回答することになります。そこで必要となる計算手法、それが微分という作業です。

Unit 13　生産者はどのように利潤最大の生産量を決定するのか？　**117**

微分を知らなくても、試験会場で表をつくればいいんだ！

表をつくると解答はできるけど、それだと試験時間が足りなくなるよね。

　微分の考え方を使うというのは、数値そのものの大きさをみるのではなく、どれくらい変化したのか？　ということをイメージしていくのです。たとえば、A君もB君もどちらもテストで80点だったとします。この数字をみて評価するのではなく、前回のテストからどれくらい変化したのか？　をみます。とA君は前回50点でB君は75点だったとすると、A君は前回より30点も上昇したことになります。つまり、A君のほうがかなり頑張っていて、今後期待できると思うはずです。このように、現時点の数値ではなく、前回からの変化分をみる作業を経済学の計算のなかにとり込んでいくのです。

計算で一発解放法

微分を使って「利潤最大の生産量」の計算をします。

収入

収入を微分します。収入は1個10円×生産量（Q）なので、収入（TR）＝10Qと表すことができます。これを微分してみましょう。微分すると、総収入（TR）は限界収入（MR）になります。

　収入＝10Qより

　　限界収入（MR）＝（TR）′＝$10 \times 1 \times Q^{1-1} = 10 \times 1 \times Q^0$
　　　　　　　　　　　　＝$10 \times 1 \times 1 = 10$　となります。

費用

費用を微分します。費用は生産量（Q）に応じてその2乗の大きさで表されています。

総費用（TC）＝Q^2であり、微分すると、費用（TC）は限界収入（MC）になります。

　費用（TC）＝Q^2　より

　　限界費用（MC）＝（TC）′＝$1 \times 2 \times Q^{2-1} = 2 \times Q^1 = 2Q$

　利潤最大の生産量は限界収入＝限界費用より求めることができます（この後説明します）。

　限界収入＝限界費用より、

　　10＝2Q

　この方程式を解くと、Q＝5となり、5個生産する時が利潤最大となります。

表を作成する必要なく、微分という作業を行えば、このように一瞬で解答を出すことが可能になります。それでは、どうして限界収入＝限界費用が利潤最大の生産量を決める公式になるのかをこの Unit 13 で説明していきます。

なんか微分を使えば、ビジネスの視点が変わってみえそうですね。

1 費用と収入をグラフに表す

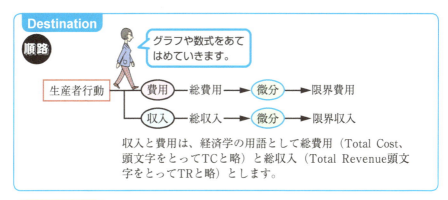

Destination
順路

グラフや数式をあてはめていきます。

生産者行動 ── 費用 ── 総費用 → 微分 → 限界費用
　　　　　 ── 収入 ── 総収入 → 微分 → 限界収入

収入と費用は、経済学の用語として総費用（Total Cost、頭文字をとってTCと略）と総収入（Total Revenue頭文字をとってTRと略）とします。

プロセス1　固定費用と可変費用

まず、最初に1種類の財のみを生産するという仮定のもと、費用の考え方を説明します。

費用は、費用曲線として表すことができ、これはある財を生産するために必要な費用を生産量（Q）に応じてどれだけ使ったのかを表したものです。

さらに、この費用曲線は、固定費用と可変費用とに分類されます。

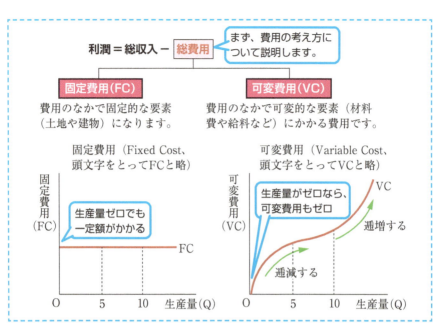

建物の家賃なんて、1個も生産しなくても発生する一定額の費用だよね。でも、材料費は生産量が増えればそれに応じて増加する費用です。

プロセス2　総費用曲線の導出

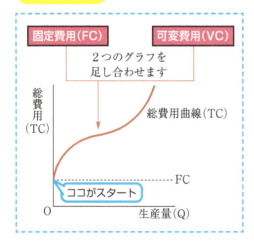

固定費用（FC）は、生産量がゼロでも発生する費用なので、その水準を最初に定め、そこから可変費用曲線に上乗せすると固定費用（FC）＋可変費用（VC）＝総費用（TC）のグラフが描けます。

総費用（TC）も生産量がゼロでも固定費用分だけがかかっていることがわかりますね。

プロセス3 総収入曲線の導出

次に、収入についてもグラフ化させていきます。

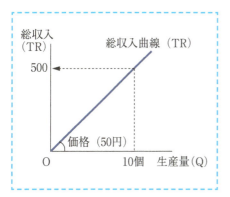

　収入曲線は、ある財を生産し、販売をすることによって得られた収入と、その生産量（Q）の関係を表したものです。収入は価格×販売量ですが、生産量と販売量はミクロ経済学では同じなので、横軸は生産量（Q）とします。

　たとえば、左図で1個50円の財、10個生産した場合、50円×10個＝500円が収入になる関係を表しています。

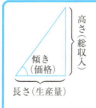

総収入曲線の傾き、長さ、高さの関係は、「茂木式攻略三角形」でみるといいですね。

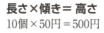

2 利潤が最大になる生産量を求める

　さらに、「利潤＝総収入－総費用」の定義から、総収入曲線と総費用曲線を1つのグラフのなかに合わせ、利潤の導出までを考察します。
　2つのグラフから読み取れる生産者の状況を確認しましょう。

プロセス1 生産量に応じて経営の状態が変わる

生産水準に応じて経営状態が次のように変化していくことが読み取れます。

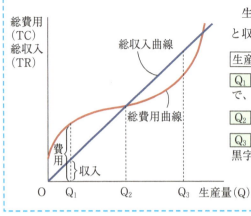

生産量（Q）に応じた費用（TC）と収入（TR）を比較します。

生産水準

Q_1 → 費用が収入を上回っているので、赤字経営を行うことになります。

Q_2 → 費用と収入が同額です。

Q_3 → 生産者は収入が費用を上回り、黒字経営がなされています。

費用と収入の大きさは高さで比較します。費用のほうが大きければ、損失が発生しています。

プロセス2 少なすぎても多すぎてよくない

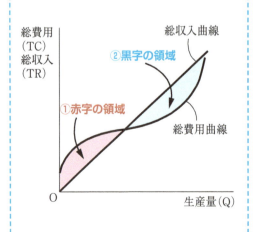

費用（TC）と収入（TR）の大きさによって2つの領域ができます。

左図では2カ所膨らんでいる領域があって、①赤字の領域、②黒字の領域だと判明します。それぞれ、以下のように説明が可能です。

①少ない生産量では赤字経営が続き、利潤を獲得するために、生産量を拡大させることによって黒字経営が可能になります。

②しかし、ある水準を超えて生産量を増やせば、黒字が小さくなります。さらに生産が進むと、やがて、赤字経営に戻ってしまうことがわかります。

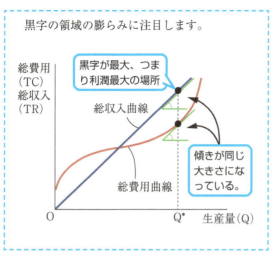

※決定は、Q*のように右肩にのマーク（アスタリスクマーク）を付けます。

ここでは、赤字の領域は無視しても構いません。黒字の領域のみに注目すると、黒字の幅がもっとも膨らんでいる部分が**利潤最大の生産量**（Q^*）になります。その部分は総費用曲線と総収入曲線の**接線の傾き**が同じところになるはずです。ここで「傾きを示したグラフ」=微分したグラフを用意できれば、利潤最大の生産量はグラフの交点として明示できると考えられます。

プロセス3　総費用曲線、総収入曲線を微分して限界費用曲線、限界収入曲線を導出

　総費用曲線の「接線の傾き」をもとに限界費用曲線（MC）を導出します。Unit 11では、微分することを「接線の傾き」という言葉を使いましたが、経済学での定義は、限界費用（MC）を「生産量を追加的に1単位増加させたときの総費用の増加分」というちょっと難しい言葉で表現されます。

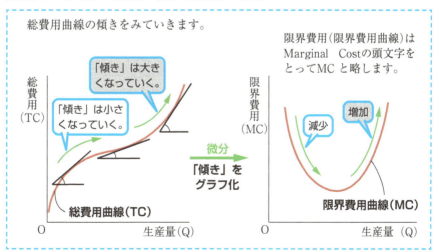

Unit 13　生産者はどのように利潤最大の生産量を決定するのか？

なんか「傾きの大きさ」に「限界〜」という言葉がマッチしないような気がします。

そうですね、ちょっと数学由来の翻訳です。経済学での微分はあくまでMarginal、つまりMarginという「増加分」の意味なので数学の世界とは多少異なります。

同様に、限界収入曲線（MR）も表しましょう。

これは、総収入曲線の傾きによって導出されます。総収入曲線の傾きは価格（P）で一定なので微分すると高さは価格（P）に等しくなり、水平な線が描けるはずです。

限界収入曲線は、経済学の言葉では「生産量を追加的に1単位増加させたときの総収入の増加分」という定義がなされています。

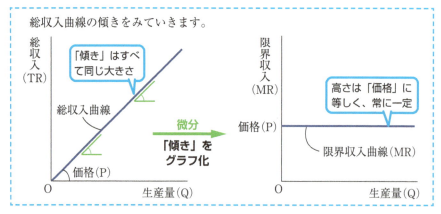

※MRは総収入（TR）を微分した限界収入のMarginal Revenue の頭文字です。

うーん、直線なのに、名前は「曲線」なんだね！

限界収入（MR）は、1個ずつ増えるごとにいくらの収入が得られるのか？ ということなので、たとえば1個目から2個目でも、10個目から11個目でも、100個から101個目でも、どの生産量（販売量）でも追加して得られる収入はモノの価格分だけになります。つまり、限界収入（MR）の正体は価格なのです。

> **Key Point**
>
> 限界収入（MR）＝価格（P）
> （競争市場の場合）

プロセス4　利潤最大の生産量の決定

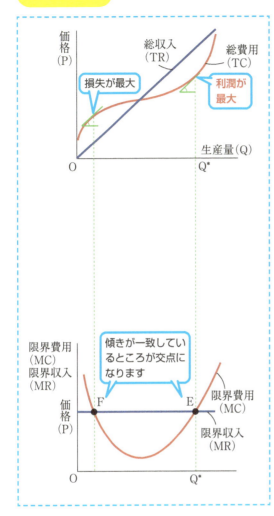

最後に、利潤最大の生産量をグラフによって表します。

左図のように総費用曲線（TC）と総収入曲線（TR）の傾きが同じ大きさになるところは2カ所できます。それぞれ損失最大と利潤最大になります。

利潤＝総収入－総費用だから、グラフで利潤最大と利潤最小（損失最大）のポイントがわかるね！

次に、微分したグラフを用意します。

限界費用曲線と限界収入曲線では、傾きが等しい箇所は交点として表されます。

生産者は利潤最大のE点（F点は損失最大なので不適）において、限界収入（MR）＝限界費用（MC）になるようにE点で生産量を決定することになります。

これが経済学で求めているような「ただ1つの値」になるような回答の仕方なんですね。

Key Point

利潤最大の生産量の決定
　　限界収入（MR）＝限界費用（MC）

> **確認問題**
>
> 競争市場において、ある財を生産している企業の総費用曲線が、
>
> $TC = 2Y^3 - 12Y^2 + 48Y$（TC：総費用、Y：生産量）
>
> で示されるとします。財の価格が120で与えられたとき、この企業の利潤が最大になる生産量はいくらになりますか。
>
> **1.** 3　　**2.** 4　　**3.** 6　　**4.** 8
>
> （国税専門官　改題）

【解説】

企業の利潤最大における生産量は、

　MC（限界費用）＝ MR（限界収入）

になります。また、MR（限界収入）＝ P（価格）は同値になるために、本問ではMC（限界費用）＝ P（価格）として、解答を導くことになります。

手順1　限界費用を求めます。

　　総費用（TC）を微分することによって、限界費用（MC）が求められます。

$$TC = 2Y^3 - 12Y^2 + 48Y$$
$$限界費用(MC) = (TC)' = 2 \times 3 \times Y^{3-1} - 12 \times 2 \times Y^{2-1} + 48 \times 1 \times Y^{1-1}$$
$$= 6Y^2 - 24Y + 48$$

手順2　方程式を解きます。

利潤最大の生産量は、MC（限界費用）＝ P（価格）より、

　$6Y^2 - 24Y + 48 = 120$

この方程式を解くことになります。

両辺を6で割り算します。　　$Y^2 - 4Y + 8 = 20$
右辺をゼロにして、　　　　　$Y^2 - 4Y - 12 = 0$
左辺を因数分解　　　　　　　$(Y - 6)(Y + 2) = 0$
　　　　　　　　　　　　　　$Y = 6、-2$

生産量が−2というのはありえないので、6となります。したがって、**3が正解**になります。

生産量は2つ求められるけど、そのうち1つが利潤最大というわけですね。

Unit 14 グラフ、計算、次は「面積」
どうして生産者はコスト削減に力点を置くのか?

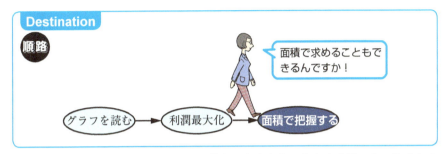

第1部で学習したように、価格は消費者でも生産者でもなく市場の力で決定します。

生産者は価格を決めることができないので生産量のみをコントロールして、常に限界費用＝限界収入になるよう利潤最大点に生産の大きさを設定していくことになります。

また、市場で決定された価格の下落を止めることができないので、利潤ばかりか費用分までも回収できないような水準まで価格が下がった場合では生産をストップさせなければなりません。そのような状況を生産者は見極める必要があるのです。

ここで、スマートフォンの市場価格が下落したときを例にあげて、スマートフォンのメーカーである生産者A社はどのように行動するのか考えてみましょう。

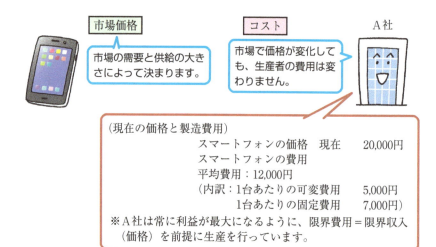

市場価格の変化

市場の価格変化と生産行動をみていきます。

状況 1 　市場価格が 20,000 円のケース

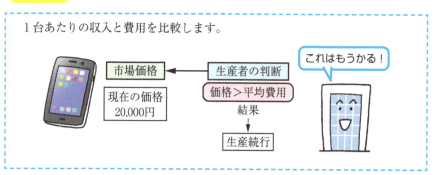

　現行の価格 20,000 円は、いい換えれば 1 台あたりの収入です。一方、その平均費用というのは、いい換えれば 1 台あたりの費用になります。つまり、「1 個あたり〜」というベースでみれば、価格が平均費用を上回っている限り利潤が出るので生産し続けます。現在の価格が 20,000 円であれば、平均費用は 12,000 円なので、1 台あたり 8,000 円の利潤が発生しています。

状況2　市場価格が12,000円まで下がったら？

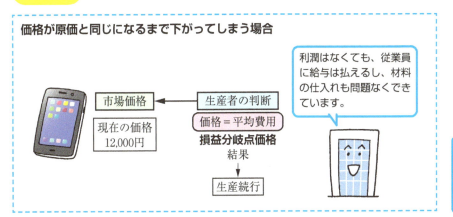

価格が12,000円になったとき、それは平均費用と同額なので利潤はゼロとなります。これは、**損益分岐点**とよばれる状況ですが、損失が発生するわけではないので生産自体は続行していきます。

状況3　価格が8,000円になったら？

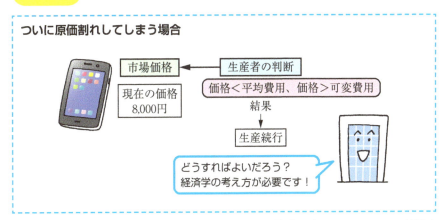

価格が8,000円になったとき、市場での価格が平均費用を下回ったので、利潤はマイナスです。しかし、通常この水準では利潤が出なくても生産をし続けると考えられます。

なぜなら、今、生産をストップさせると固定費用7,000円全額が損失として計上されてしまうからです。固定費用は生産量ゼロでもかかる費用なので、その一部でも回収される限り生産を続けたほうが損失が少なくて済むのです。

原価割れしても生産を続けるケース

市場価格
現在の価格 8,000円

固定費用7,000円は、生産をしてもしなくてもかかる費用

生産をストップさせる
価格が8,000円のとき、生産をストップさせると損失額は固定費用の7,000円になります。

生産を続行する場合
価格が8,000円であれば可変費用の5,000円の全額が回収でき、さらに固定費用は3,000円分だけは回収できている。つまり、損失額は4,000円だけなので生産を続行させたほうが少ない損失額で経営できるので望ましいと判断できます。

利潤額の大きさではなく、損失額の少なさの比較ですね。損失を少なくするために生産を続けるというわけですね。

固定費用の一部でも回収される限り生産は続行されます。

状況4　価格が5,000円になったら

原価割れして生産をやめるケース

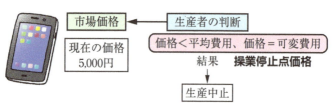

市場価格
現在の価格 5,000円

生産者の判断
価格＜平均費用、価格＝可変費用
結果　**操業停止点価格**
↓
生産中止

　価格が5,000円まで下がると、生産を行っても固定費用はまったく回収されません。そして、この水準より価格が下がると可変費用すら回収できなくなるので、生産すればするほど損失だけがが膨らむことになります。

　そのため、価格5,000円以下では、生産をストップさせたほうが望ましいのです。この価格＝1台あたりの可変費用の水準を**操業停止点**といいます。

固定費用が回収できなくなればもう生産はアウト！　そこで、固定費用を削減するために少しでも海外などの安い所に製造拠点を移転させたりしているんです。

　これからこの生産者の行動を分析していきますが、分析に必要なツールが使えるように準備をしていきます。

1　平均費用をグラフに表す（準備しておくツール1）

　これからの分析で必要となる平均費用についてグラフの導出と考え方を説明していきます。

　平均費用のグラフが必要になるのは、市場で決定された価格に対して、企業はどのように対応するべきかを意思決定のものさしにするためです。生産者にとって、価格はコントロールできませんが、コストはやりくり可能です。

　前 Unit で説明した微分をもとに導出した限界費用では、生産量が1個目から2個目、100個から101個目というように追加するときにどのくらい費用がかかるのかという考え方を採用しました。

　それに対して、平均費用はある一定の生産量（たとえば100個生産した時）での総費用を生産量で割り算することによって、そのときの生産量において1個あたりの費用を求めます。

　この1個あたりの収入（価格）と1個あたりの費用を比較して生産者の行動をまとめていきます。

極端に価格が下がったら、消費者はうれしいけど、生産者はいきなり苦しくなりそうですね。

毎日、やりくりたいへんなんです！

Unit 14　どうして生産者はコスト削減に力点を置くのか？

平均費用のグラフ

平均費用（AC）は、グラフ上では任意の生産量における原点からの「傾き」で示されます。

以下の手順で平均費用曲線を導出できます（平均費用は、Average Cost の頭文字をとって AC と略されます）。

1個あたりの費用

平均費用（AC）＝総費用（TC）÷生産量（Q）＝ $\dfrac{総費用（TC）}{生産量（Q）}$

割り算は分数の形になります。

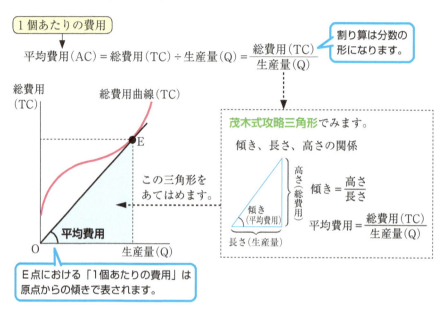

E点における「1個あたりの費用」は原点からの傾きで表されます。

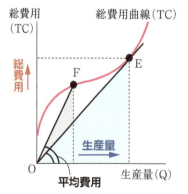

この三角形をグラフに合わせると、「長さ」が横軸の生産量に、「高さ」が縦軸の総費用になります。

ここで、平均費用である三角形の「傾き」に注目してみていきます。

E点までは生産量を増やせば総費用は大きくなるけど、平均費用は小さくなっていくことがグラフからわかりますね。

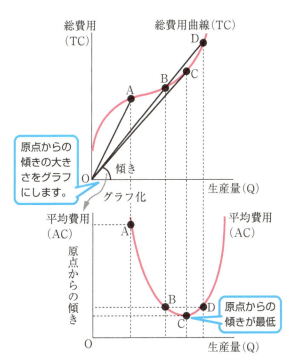

平均費用曲線（AC）のグラフの描き方は、任意の点を設定し（たとえばA〜D点）、その点における原点からの傾きの大きさをグラフに表すことになります。

原点からの傾きは、だんだん小さくなっていき、最も小さくなったところを境に、だんだん大きくなっていきます。順を追って、この傾きの大きさをグラフにしていきます。

平均費用曲線（AC）は、左図のようになり、C点が最低点でB点とD点の傾きの大きさは同じになり、限界費用曲線と同様におわん型の形状になります。

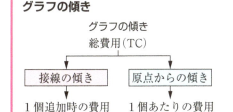

総費用曲線のグラフの傾きをみる場合、接線の傾きが限界費用となり、原点からの傾きが平均費用になります。

限界費用曲線も平均費用曲線もグラフの形状はよく似ているんですよね。

Unit 14 どうして生産者はコスト削減に力点を置くのか？ 133

2 平均費用に関する知識（準備しておくツール2）

　平均費用のグラフの求め方と並行に、関係するグラフとの関係も表裏一体として身に付ける必要があります。ここでは、平均固定費用、平均可変費用、そして限界費用との相互関係について考察していきます。

平均固定費用（AFC）と平均可変費用（AVC）

　平均費用は、固定費用と可変費用から構成されるので、それぞれのグラフを「平均」という概念を使って、グラフを再構成させることが可能です。

平均固定費用（AFC）

　平均費用（AC）を平均固定費用（AFC）と平均可変費用（AVC）に分解してグラフにします。2つのグラフを原点からの傾きで追っていきましょう。まず、固定費用は横軸に水平なので、生産量（Q）が増えると傾きは小さくなっていくので、平均固定費用（AFC）右下図のような形状になります。

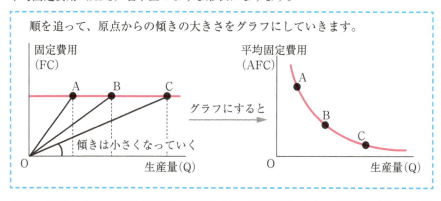

※傾きで示されるのは、平均固定費用＝1個あたりの固定費用であり、生産量が増えるほど平均固定費用が下がることがわかります。

平均可変費用（AVC）

　可変費用（VC）は総費用曲線（TC）と同じ形状なので、傾きをグラフ化させた平均可変費用曲線もおわん型の形状になります。

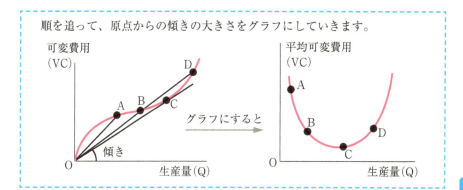

※平均可変費用（1個あたりの可変費用）は、ある水準までは減少し、それ以上は上昇していきます。

限界費用（MC）と平均費用（AC）のグラフ

ミクロ経済学では、平均可変費用（AVC）、平均費用（AC）、限界費用（MC）の3つのグラフを合わせて分析を行うことになります。限界費用曲線も平均費用曲線も平均可変費用曲線もその形状だけをみると次のように同じようなものになってしまいます。

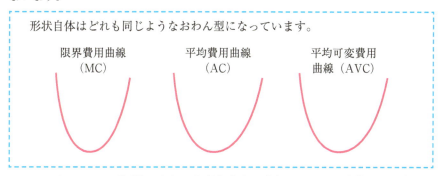

そこであらためて「平均〜」という考え方を再確認すると、平均費用や平均可変費用というのは原点からの傾きですが、それがもっとも小さくなるのは下図のA点のような接線の傾きと同じになる点です。

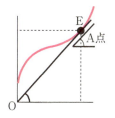

つまりそれは、接線の傾きである限界費用と同値になることを意味します。原点からの傾きである平均費用曲線も平均可変費用曲線もその最低点を限界費用曲線と一致することになるので、3つを同時に描くと次の図のようになります。

経済学の問題では、平均可変費用、平均費用、限界費用の3つのグラフを合わせた表示で出題されますが、最初にいくつかの作図上の注意点を記しておきます。

①限界費用曲線（MC）は、平均費用曲線（AC）と平均可変費用曲線（AVC）の最低点を通過します（最低点は限界費用に一致するためです）。

②平均固定費用（AFC）は、平均費用（AC）と平均可変費用（AVC）の間の部分になり、とくに図示はされません（問題によっては、図示される場合もあります）。

③限界費用曲線の左側は使われないので、通常は省略されます。

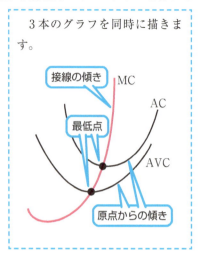

3 平均費用と面積の分析

　上記までに説明した「平均」という概念の分析ツールを使うことによって、生産者の費用構成を面積によって視覚的に明確にできるようになります。

手順1

グラフを読み取る手順 → 収入を費用と利潤に分ける

最初に、収入と費用のみを面積で示します。

①横軸に生産量を設定し、平均可変費用（AVC）、平均費用（AC）、限界費用（MC）の3つのグラフを1つの図のなかに入れます。現在の価格はP_1とします。
　さらに、限界収入曲線（MR）も描く必要がありますが、限界収入（MR）は1個の価格と同値なので、価格に水平な線として描きます。つまり、価格＝限界収入（MR）として、価格変化に対応します。現在の価格はP_1とします。

②生産者は、限界費用（MC）＝価格（＝限界収入 MR）のE点において、利潤最大の生産量Q^*を決定します。

③このときの生産者にとっての総収入は1個の価格（P_1）×生産量（Q^*）なので、四角形 AOQ^*E になります。

④総収入が判明すると、E点（利潤最大の均衡点）から垂直に点線を降ろして平均費用曲線（AC）との交点であるF点から上が利潤、F点下方の四角形BOQ*Fが費用になります。

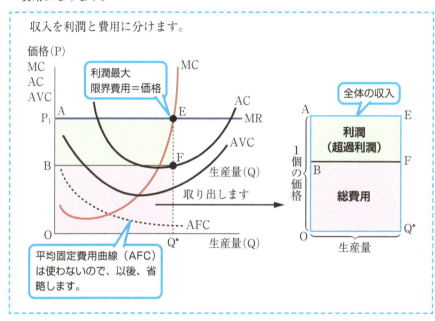

縦軸の高さが「1個あたり〜」の収入や費用になって、横軸の長さが生産量（数量）なので、高さと長さをかけ算して面積で総収入や総費用を求めることが可能になります。

なるほど、グラフは曲線だけど、そこから面積として利潤と費用をひっぱり出すんだね。

手順2

グラフを読み取る手順 → 平均可変費用（AVC）を使った分析

さらに、次のページのグラフにしたがって総費用を可変費用と固定費用に分解します。平均費用（AC）は1個あたりの価格（高さEQ*）のうち、FQ*の高さとなり、そのうち平均可変費用（AVC）はGQ*の高さで表されることから、その差のFGが1個あたりの平均固定費用（AFC）になります。この高さに横軸の生産量を掛け算すると、それぞれ可変費用と固定費用に表されます。

費用を固定費用と可変費用に分けます。

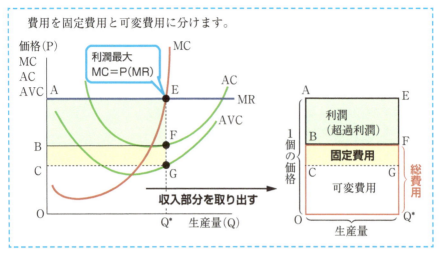

平均費用（AC）と平均可変費用（AVC）のすき間は固定費用（FC）になりますが、このすき間の高さ（平均固定費用 AFC）は徐々に狭くなっていきます。

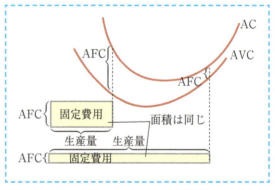

これは、固定費用が生産量に関係なく常に一定であるために面積自体は常に同じになるので、生産量が増大するとその分、高さは低くなっていきます。これは1個あたりの費用のなかに含まれる固定費用分（平均固定費用）が減少することを意味します。

4 損益分岐点のグラフ

ある財に利潤が発生していた場合、競争市場ではその利潤を狙って他の生産者もその財の生産を行うので、生産量は増え価格は下がっていきます。当然、市場の力で価格が下がると、それに限界費用が一致するように生産量も変更していかなくてはなりません。

下図のように、価格が P_2 まで下がると、1個あたりの収入（価格）と1個あたりの費用（平均費用）が一致することになります。

価格が P_1 から P_2 に下落したケース

この水準では、利潤がゼロになることから E_2 点を**損益分岐点**といい、このときの価格 P_2 を**損益分岐点価格**といいます。

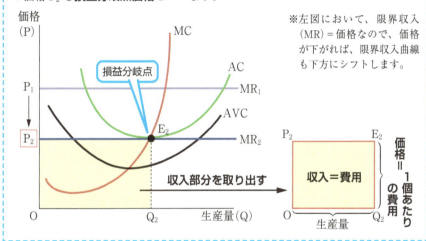

※左図において、限界収入（MR）＝価格なので、価格が下がれば、限界収入曲線も下方にシフトします。

経済学の場合、費用のなかに機会費用も含んでいるので、損益分岐点で生産しても、超過利潤はゼロでも実際には正常な利潤は発生していると考えられています。

Key Point

損益分岐点では、
　　価格（P）＝平均費用（AC）＝限界費用（MC）
が成立しています。

損益分岐点における生産量や損益分岐点価格を求める問題は頻出です。

> **確認問題**
>
> ある企業は完全競争市場において生産物を販売していて、この企業の総費用曲線が、
>
> $TC = 2Q^3 - 20Q^2 + 80Q$ （TC：総費用、Q：生産量）
>
> で示されているとします。この企業の損益分岐点における生産量はいくらになりますか。
>
> 1. 2　　2. 3　　3. 4　　4. 5
>
> （地方上級　改題）

【解説】

ここでは2つの解法を紹介します。グラフがわかっていれば一瞬で解くことが可能です。

解法-1　連立方程式で解く方法

総費用曲線：$2Q^3 - 20Q^2 + 80Q$ から、AC（平均費用）、MC（限界費用）を求めます。

① 限界費用は総費用（TC）をQで微分します。

$MC(限界費用) = (TC)' = 2 \times 3 \times Q^{3-1} - 20 \times 2 \times Q^{2-1} + 80 \times 1 \times Q^{1-1}$
$= 6Q^2 - 40Q + 80$

② 平均費用（AC）は総費用（TC）を生産量（Q）で割り算します。

$AC(平均費用) = \dfrac{TC}{Q} = 2Q^2 - 20Q + 80$

損益分岐点では、MC = AC より、

$6Q^2 - 40Q + 80 = 2Q^2 - 20Q + 80$

$4Q^2 - 20Q = 0$

$4Q(Q - 5) = 0$

$Q = 5$　　　　よって、**正解は4**になります。

解法-2　グラフで解く方法

損益分岐点は平均費用曲線（AC）の最低点であり、傾きがゼロになるところなのでACをQで微分してゼロとすることによっても求められます。平均費用（AC）＝ $2Q^2 - 20Q + 80$ を微分します。

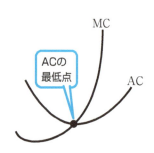

$$(AC)' = 2 \times 2 \times Q^{2-1} - 20 \times 1 \times Q^{1-1} + 80 \times 0 \times Q^{0-1}$$
$$= 4Q - 20$$

$4Q - 20 = 0$ （ゼロとおきます）

$4Q = 20$

$Q = 5$

よって、**正解は4**になります。

5 固定費用との格闘

さらに市場で財が大量に生産され、市場の供給量が増えれば市場価格がさらに下がっていくはずです。そこで、生産者はどの水準まで価格が下がったら、生産を中止しなければならないのか考察していきます。

状況1　損益分岐点よりも下回る価格

次に損益分岐点価格よりも下回る価格水準の場合を面積で考えていきます。たとえば、P_3 のような価格水準では利潤は出ません。

しかし、ここで生産をストップするのは妥当ではありません。それは以下のように説明できます。

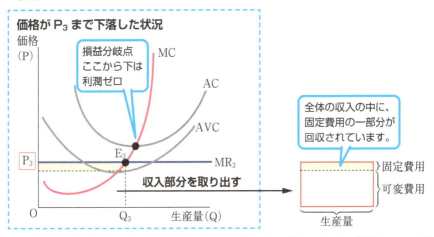

なぜなら、価格 P_3 で生産をストップさせると、その時点で生産に使用している固定費用の全額が損失として計上されてしまうからです。固定費用は生産量ゼロでもかかる費用なので、その一部でも回収されるかぎり生産を続けたほうが損失が少な

くてすむはずです。

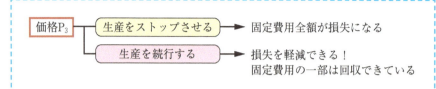

状況2 操業停止点（企業閉鎖点）の到達

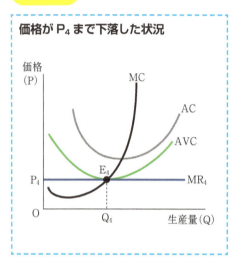

価格がP₄まで下落した状況

しかし、左図のようにP₄より価格が下がると今度は可変費用すら回収できなくなり、この水準はいい換えれば、生産すればするほど損失が増加するので、生産をストップさせたほうが望ましいのです。このような価格＝1個あたりの可変費用の水準を**操業停止点**といいます。

このように、固定費用が回収できなくなれば生産をストップさせなければならないために生産者は固定費用の削減に全力を傾けるか、または採算の取れない製品に見切りをつけ、成長性の高い製品に力点を変更しなければなりません。

人件費、家賃、保険料、設備や自動車、通信費、固定費用って結構ありますね。

消費者の多様化が進んでいるし、経済状況も予測がつきません。景気が悪化するとすぐに固定費用が重圧になってしまいます。

Key Point

操業停止点では、
　　価格（P）＝平均可変費用（AVC）＝限界費用（MC）
が成立しています。

※操業停止点はshut-down pointを訳したもので、「企業閉鎖点」などの他のよび方もあります。

操業停止点における生産量や操業停止点価格を求める問題は頻出です。

また、この操業停止点水準より価格が高ければ生産が行われることになり、この操業停止点よりも上方の価格水準に対応する限界費用曲線が供給曲線（短期）として表されることになります。

供給曲線（短期）の導出

供給曲線は、価格と生産量の関係を示すグラフです。

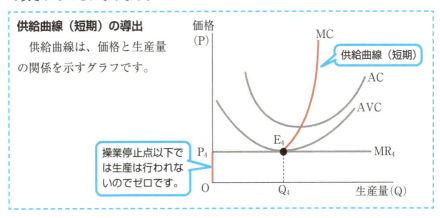

操業停止点以下では生産は行われないのでゼロです。

Key Point

供給曲線（短期）は $P \geq AVC$ が成立します。

供給曲線って、限界費用曲線だったんですね。

確認問題

X財を生産するある企業の総費用関数が、
$$TC = 2X^3 - 16X^2 + 40X + 100 \quad (X：生産量)$$
で示されています。この企業の短期操業停止点価格はいくらになりますか。

1. 8　　**2.** 12　　**3.** 16　　**4.** 20

（地方上級　改題）

【解説】

　この問題も連立方程式で解く方法と微分してゼロ（一瞬で解く）で手法があります。

解法-1　連立方程式で解く方法

① 　問題文の総費用（TC）から、平均可変費用（AVC）を求めます。

　　TC（総費用）＝ $2X^3 - 16X^2 + 40X + 100$

　　　　可変費用（VC）　　　　　　固定費用（FC）
　　　　生産量（X）に依存して増加　生産量（X）が付されていな
　　　　する費用です。　　　　　　いので、生産とは関係がない
　　　　可変費用＝ $2X^3 - 16X^2 + 40X$　固定費用だと判断。

　最初に、平均可変費用（AVC）を求めます。これは、「1個あたりの可変費用」なので、可変費用（VC）を生産量（X）で割り算することによって求められます。

　　平均可変費用（AVC）＝ $\dfrac{VC}{X} = 2X^2 - 16X + 40$

② 　操業停止点は、限界費用（MC）＝平均可変費用（AVC）となります。

　そのため、問題文の総費用（TC）を微分して、限界費用（MC）も求める必要があります。

　　TC（総費用）＝ $2X^3 - 16X^2 + 40X + 100$ を微分します。

　　MC（限界費用）＝（TC）′

　　　　　　　　＝ $2 \times 3 \times X^{3-1} - 16 \times 2 \times X^{2-1} + 40 \times 1 \times X^{1-1} + 100 \times 0 \times X^{0-1}$

　　　　　　　　＝ $6X^2 - 32X + 40$

③ 　①、②から方程式をつくります。

　　$2X^2 - 16X + 40 = 6X^2 - 32X + 40$

　　$4X^2 - 16X = 0$

　　$4X(X-4) = 0$ より、

　生産量（X）は4になります。

④ 　生産量から操業停止点価格を求めます。

　操業停止点では、価格（P）＝限界費用（MC）＝平均可変費用（AVC）なので、生産量（X）の4を限界費用、もしくは平均可変費用に代入します。

　平均可変費用（AVC）に代入すると、$2 \times 4 \times 4 - 16 \times 4 + 40 = 8$

　したがって、**1が正解**になります。

解法-2 グラフで解く方法

操業停止点は AVC の最低点であるから、AVC を X で微分してゼロとします。

平均可変費用(AVC) = $2X^2 - 16X + 40$

$(AVC)' = 2 \times 2 \times X^{2-1} - 16 \times 1 \times X^{1-1} + 40 \times 0 \times X^{0-1}$
     $= 4X - 16$

$4X - 16 = 0$ として、(最低点の傾きはゼロ)

$X = 4$

生産量(X)は4になります。

生産量(X)の4を平均可変費用(AVC)または限界費用(MC)に代入して、操業停止点価格8を求めます。

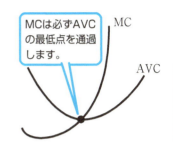

確認問題

競争市場にある生産者の限界費用(MC)、平均費用(AC)、平均可変費用(AVC)、平均固定費用(AFC)が図のように示されています。図中のA、Bに入る数値で妥当なものを選んでください。

	A	B
1.	65	40
2.	65	45
3.	75	45
4.	75	50

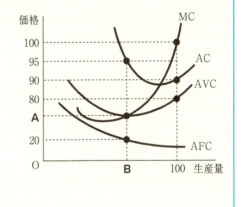

(地方上級 改題)

【解説】

解法の手順

① この問題では平均費用(AC)と平均可変費用(AVC)の間である平均固定費用(AFC)についてもグラフ化させています。平均固定費用曲線(AFC)の高さは、1個あたりの固定費用を示しています。わざわざグラフ化させているように、この問題は固定費用から紐解くことがヒントになっています。

② まず、Aから求めます。平均費用(AC)は平均固定費用(AFC)と平均可変

費用（AVC）の合計になることから、ACとAVCの高さの差は平均固定費用を示しています。したがって、Bから垂直に線を上ってみると、95－A＝平均固定費用でその水準は20だと示されています。A＝95－20＝75、この75がAであり平均可変費用（AVC）になります。

③ 次にBです。固定費用は常に一定なので、生産量100の水準から垂直に上がったところでAC－AVCの差は平均固定費用なので生産量をかけ算すれば固定費用になります。つまり、(90－80)×100＝1,000、固定費用は1,000（常に一定）だと判明できます。

次に、生産量Bにおける固定費用と一致させます。20×B＝1,000よりB＝50が求められます。以上より **4が正解**になります。

Key Point

　グラフ上でみると、平均固定費用（AFC）は、平均費用（AC）と平均可変費用（AVC）の高さの差でみることができます。

　また、平均固定費用（AFC）に生産量をかけ算したものは固定費用になりますが、固定費用は生産量に関係なく常に一定です。

Unit 15 ミクロ経済学の最大の山場
消費者はどのように効用最大の消費量を決定するのか？

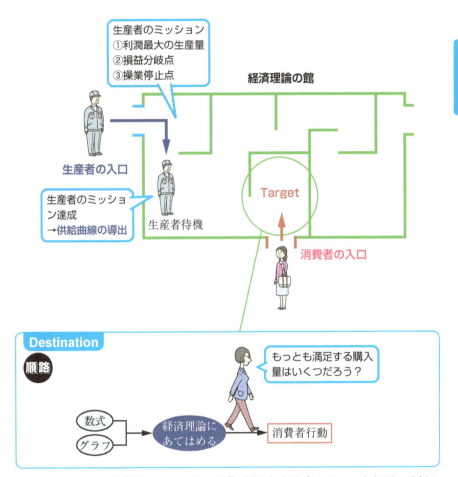

　このUnitでは、消費者がどのように消費（購入）を決定するのかを個別に分析します。この消費者行動の分析における最終的なゴールは需要曲線を導出することになります。
　まず、最初に説明しなければならないことは、消費といっても常に使える範囲が

限定されるということです。それは財布の中身、または親からの仕送り、自分が稼いだお金などで、その範囲でどのように財（モノ）を購入するのが満足度が高いのか、という少し回りくどい手法で、経済学では考えていきます。これを少し経済学的に難しい用語を用いれば「消費者行動における**効用最大化行動**」といいます。

要するに消費量というのは、何個買うのかってことですね。いい方が難しいだけです。

満足度の度合いことを効用というんだね、経済学では。独特のいい方！

「モノを消費する（購入する）」という日常当たり前の行為を経済学的な思考で分析をしていきます。日常の言葉と並列して書けば以下のようになります。

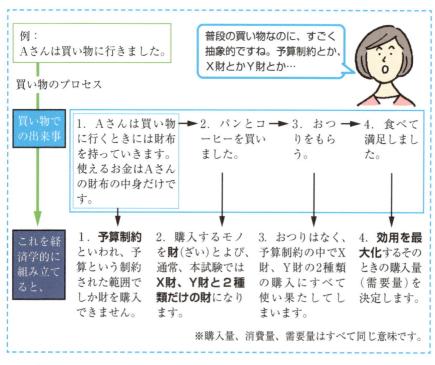

例：
Aさんは買い物に行きました。

普段の買い物なのに、すごく抽象的ですね。予算制約とか、X財とかY財とか…

買い物のプロセス

買い物での出来事

1. Aさんは買い物に行くときには財布を持っていきます。使えるお金はAさんの財布の中身だけです。
2. パンとコーヒーを買いました。
3. おつりをもらう。
4. 食べて満足しました。

これを経済学的に組み立てると、

1. **予算制約**といわれ、予算という制約された範囲でしか財を購入できません。
2. 購入するモノを**財**（ざい）とよび、通常、本試験では**X財、Y財と2種類だけの財**になります。
3. おつりはなく、予算制約の中でX財、Y財の2種類の購入にすべて使い果たしてしまいます。
4. **効用を最大化**するそのときの購入量（需要量）を決定します。

※購入量、消費量、需要量はすべて同じ意味です。

効用の意味が満足度だってわかるけど、おいしかった！というものを数値で表すことができるのでしょうか？

効用（満足度の度合い）を数値で表すのは難しいですが、ミクロ経済学では数値で表すことを前提とした基数的効用ではなく、数値で表すことはできないけれど**順序はつけられる序数的効用**を前提として議論をすすめています。順序がつけられるというのは、たとえば、ある消費者はミカンよりはリンゴが好きだとか、コーヒーは1杯目がおいしくて満足度が高いけど、2杯目はそんなに満足度は高くないということで、比べることができるはずです。

1 予算制約（財布のなか＝使えるお金）

まず、消費に使える範囲である財布の中のお金、**予算制約**を式に表し、グラフ化する作業に入ります。消費者は2種類の財を購入するという条件があるので次のような例で考えてみましょう。

> 例
> Aさんが600円持って回転寿司屋に行き、トロ150円（税込）を2皿とイカ100円（税込）を3皿を購入したとします。この支出の内訳を式にしてください。

財布の中身が予算となり、それぞれの財に使い果たすことになります（経済学の問題ではお釣りは発生せず予算の範囲内ですべて収まります）。

支出額の内訳：600円＝150円×2＋100円×3

となります。

プロセス1　予算制約式を求める

回転寿司の支出の内訳を経済学で使う文字だけの式に変形させます。予算をMとし、トロをX財、イカをY財とイメージして、予算制約式を完成させます。

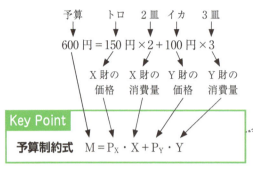

Key Point

予算制約式 $M = P_X \cdot X + P_Y \cdot Y$

このように経済学っぽくつくり変えます。

Pという記号は価格Priceの頭文字をとったものですが、P_Xのように、下付きにXと書くとX財の価格になります。また、予算制約式の・（ナカグロ）は×（掛け算）の意味です。

X財というのは、1個の価格がP_X円で、購入量はX個になります。ここで、円とか個とかの単位も省略されて、単に価格がP_X、購入量もXという文字だけになるので、慣れないうちは少し違和感があるかもしれません。

プロセス2 予算制約のグラフを描く

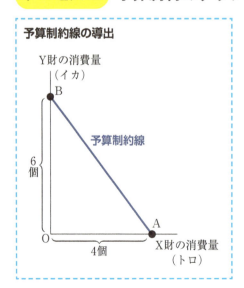

今度は、この式をグラフ化させ、予算制約線を導出します。

まず、持っているお金でX財（トロ）のみを購入した場合は600÷150円＝4個となり、A点で示されます。

また、Y財（イカ）だけを購入した場合は600÷100円＝6個となり、B点とします。このA点とB点を結んだ線が**予算制約線**です。

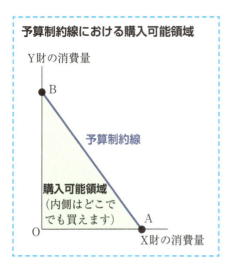

ミクロ経済学では、1個、2個という購入量ばかりか、1.3個とか4.68個のようにいくらでも消費量を細分化できるので、このA点とB点を結んだ線上だけでなく、予算制約線の内側なら、どの組み合わせでも**購入可能**（**購入可能領域**とよばれます）になります。

また、ミクロ経済学では財の分割が可能である一方でお釣りはないので、予算を余すことなく使うのであれば**線上で購入する**のがもっとも多く買えて効率的になるはずです。

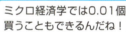

プロセス3　予算制約線の傾きを求める

さて、経済学で重要な作業として、グラフを導出すると、必ずその「傾き」を考える必要があります。以下の作業にしたがって予算制約線の「傾き」を求めていきます。

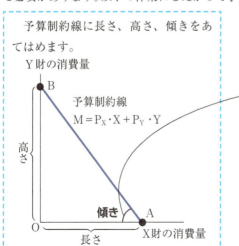
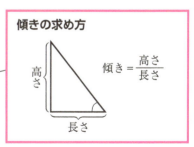

茂木式攻略三角形を使えば、傾きは長さと高さによって求められるので、予算制約線から、長さと高さを算出していきます。

作業-1　長さを求める

まず最初に「長さ」を求めるための予算制約線を整理していきます。右図において長さは原点OからA点までの距離になります。X財をA点まで消費するということは、Y財を1個も消費せず、すべての予算をX財のみに充てることになります。

したがって、A点までの長さを求めるには、Y＝0を予算制約式に代入します。

すると、予算制約式は次のように整理されます。

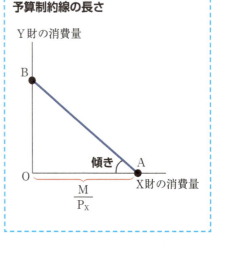

予算制約線の長さ

$P_X \cdot X + P_Y \cdot 0 = M$ …①

①の$P_Y \cdot 0$はP_Yにゼロを掛け算しているので消えてしまい、①式は以下の②式のようになります。

$P_X \cdot X = M$ …②

この②式を長さである、X＝〜の形に置き換えるために両辺をP_Xで割り算します。

$X = \dfrac{M}{P_X}$ …③　これがA点までの長さになります。

作業-2　高さを求める

同様の手法で今度は「高さ」を求めていきます。高さは原点OからB点までの距離になります。B点で消費するということは、X財を1個も購入せず、すべての予算をY財のみに充てることになります。

したがって、X＝0を予算制約式に代入します。

すると、予算制約式は次のように整理できます。

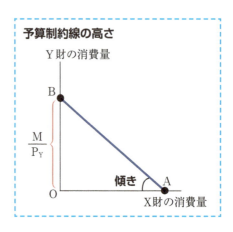

予算制約線の高さ

$$P_X \cdot 0 + P_Y \cdot Y = M \quad \cdots ④$$

この④式では $P_X \cdot 0$ は P_X にゼロを掛け算しているので消えてしまい、以下の⑤式になります。

$$P_Y \cdot Y = M \quad \cdots ⑤$$

B点の高さはYになるので、Y＝〜の形に置き換えるために両辺をで割り算します。

$$Y = \frac{M}{P_Y} \quad \cdots ⑥ \quad \text{これがB点までの高さになります。}$$

作業-3 傾きを求める

上記の作業で求めた③と⑥の数式を傾きを求める式にあてはめ、さらに整理していきます。

$$傾き = \frac{高さ}{長さ} = \frac{B点までの高さ}{A点までの長さ}$$

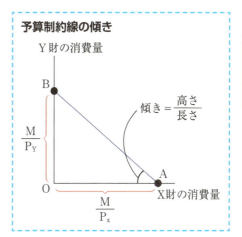

予算制約線の傾き

$$= \frac{\dfrac{M}{P_Y}}{\dfrac{M}{P_X}} = \frac{M}{P_Y} \div \frac{M}{P_X}$$

割り算の形にします。

$$= \frac{M}{P_Y} \times \frac{P_X}{M} = \frac{\cancel{M}}{P_Y} \times \frac{P_X}{\cancel{M}} = \frac{P_X}{P_Y}$$

分数の割り算は、逆数の掛け算になります。

Mを消去します。

分数計算は懐かしい。

Key Point

予算制約線の傾き $= \dfrac{X財の価格（P_X）}{Y財の価格（P_Y）} =$ 財の**価格比**になります。

分数の表示は、「価格の分数」とはいわず、「価格の**比**」といういい方をします。

このように、グラフの傾きとは、「長さ」と「高さ」といった数量の比でありながら、予算制約線においては、それぞれの財の価格比に等しくなります。

経済学はやはり「傾き」が重要！

Unit 15 消費者はどのように効用最大の消費量を決定するのか？ | 153

2 満足度をグラフ化させる

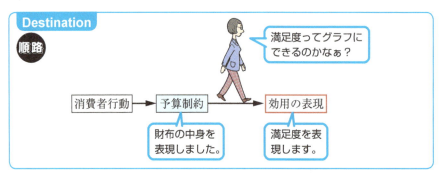

次に、財を消費することによる効用（満足度の度合い）をどのように表現するのかを説明していきます。

考え方1　1種類の財（X財）の消費量と効用水準の関係

ある財を消費して、どれくらいの効用が得られるのかを示すために縦軸に効用水準、横軸にX財の消費量のグラフを用意します。

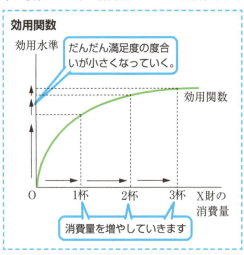

たとえば、ものすごくビールが好きだからといっても、夏の暑い日に飲む最初の1杯はおいしい（＝満足度が高い）はずですが、それ以降は飲み続けても最初の1杯目ほどの満足度は得られず、2杯目、3杯目と追加的に消費をしてもその満足度はだんだん少なくなっていくでしょう。つまり、消費量と効用の関係を示した**効用関数**は左図のような形状になると考えられます。

考え方2　2種類の財の消費量と効用水準の関係

考え方1では、1種類の財だけを扱った効用関数を描きましたが、消費者行動では2種類の財を消費するという仮定があるので、続いて、X財、Y財の消費量と効

用水準という関係でみていきます。

作業-1　3D のグラフを用意する

まず、X 財と Y 財の効用関数を用意します（たとえば、X 財をビール、Y 財を枝豆とたとえてもよいでしょう）。

それぞれの効用関数を用意します

効用水準

X 財の効用関数

ビールの消費量と
効用水準の関係

0　　　　　　　　X財の消費量

効用水準

Y 財の効用関数

ビール以外の財、たとえば
枝豆だとしても、効用関数
は同じ形状になります。

0　　　　　　　　Y財の消費量

2財の効用関数をつくるときは、直方体のカドに原点をおいて、高さ、横、縦がある3Dのグラフを用意します。高さが効用水準で、横がX財の消費量、縦がY財の消費量とします。

結合

効用水準

ここに描く

Y財の消費量

X財の
消費量

0　　　　　　※後ろからみた
　　　　　　　　状態

作業-2　2 種類の財のバージョンの効用関数

2種類の財を同時に消費するので、縦・横のそれぞれの側面からみた形状が1種類の財の場合の効用関数と同じ姿になるようになります。つまり、2種類の財のさまざまな購入の組み合わせがあるので、3D の曲面になります。

それは、ちょうどX財方向のナナメ方向から見るとコートの頭にかぶるフードのような形状になることをイメージしてください。

2種類の財を同時に消費しているから、効用関数は**線**ではなく、**面**になります。

効用水準

効用関数
（効用曲面）

Y財の消費量

0

X財の消費量

Unit 15　消費者はどのように効用最大の消費量を決定するのか？　**155**

作業-3　輪切りにして等高線を見る

次に効用曲面に対して、ある高さのところを定めてそこから輪切り（水平に切る）にします。左下図のように切り口に A 点、B 点、C 点を定めておきます。

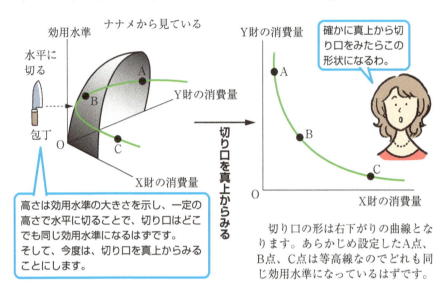

作業-4　無差別曲線の導出

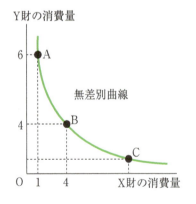

これら A 点、B 点、C 点では X 財と Y 財の消費量の組み合わせは異なります（たとえば、B 点は X 財 4 個と Y 財 4 個の場合となり、A 点は X 財 1 個と Y 財 6 個）。しかし、線上であれば効用水準が一致するので、組み合わせは違っていても同じ満足度の度合いになります。これを「**無差別**」であるといい、この曲線が**無差別曲線**となります。

作業-5　無差別曲線の特徴

もし、この効用関数（効用曲面）を効用水準が高い水準で切れば、真上からみたとき、より右上の位置で無差別曲線が描かれます。これは、無差別曲線が**原点から遠い位置**にあるほど高い効用水準を示すことになります。

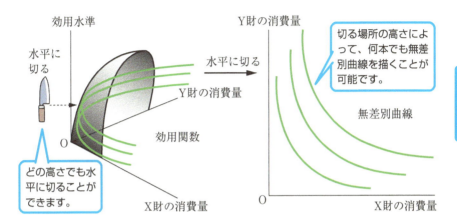

無差別曲線の性質については、次のようにまとめられます。

Key Point
①右下がりである。
②原点に対して凸の形状。
③原点から遠いほど高い効用水準。
④交わらない。

一見、①と②が同じように判断されがちですが、①はX財の需要量を減らしてもY財の需要量を増やせば同じ効用が得られるために右下がりになり、②はこの次に説明しますが、限界代替率が逓減するために凸形状になります（次に説明）。

3　無差別曲線の傾き（限界代替率）

さらに、無差別曲線の傾きについて説明していきます。無差別曲線の傾きは、**限界代替率**とよばれています。代替という言葉が使われているように、「代わり」に必要となる分であり、それは**X財とY財の交換比率**を表わすことになります。

つまり、限界代替率は、同じ効用水準を保つために、X財1個を増加させると、どれだけのY財を減少させなければならないかを示します。

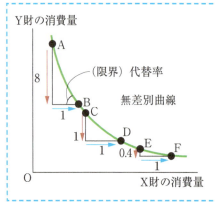

効用水準を一定に保つための交換比率は常に一定ではありません。

A点ではX財を1個得るために8個のY財を犠牲にしていますが、同じX財を1個得るために必要なY財の交換量は、C点では1個、E点では0.4個で十分になっています。これは、X財の増加に伴ってその希少性が乏しくなってくるからです。

この希少性というのは、具体的にはダイヤモンドが高価なのは量が少ないからで、水が安価なのは大量に存在するからだという例があるように、量が増えるほど価値は乏しくなっていくはずです。少し極論ではありますが、このように無差別曲線の傾きである限界代替率（2つ財の交換比率＝傾き）は、一方の財の増加に伴い、次第に小さくなっていくことを**限界代替率逓減の法則**といいます。

X財が多くなれば、価値は下がって交換比率も小さくなっていくのか！

世の中に多く存在しているのか？少ししかないのか？それって価値を決める重要なことだね

最後に、無差別曲線の傾きである限界代替率を数式で表します。限界代替率は、各財の変化分である $\dfrac{\varDelta Y}{\varDelta X}$ にマイナス記号を付けたものになります。このマイナス記号を付けるのは限界代替率を正値で表現するためです。

次の図では、X財の変化分を $\varDelta X=1$、Y財の変化分を $\varDelta Y=-2$ で示した場合、マイナス記号を付けることによって、2という正値で限界代替率が示されます。

三角形を合わせて「傾き」を確認します。

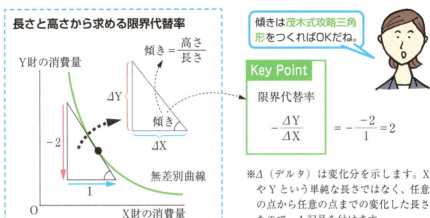

確認問題

2種類の財としてX財、Y財の無差別曲線に関して妥当なものはどれですか。
1. 無差別曲線は右下がりになりますが、これは、X財の消費量の減少に伴って、効用水準を一定に維持するために、Y財の消費量も同じく減少させるからです。
2. 無差別曲線は、左下方に位置するほど効用水準が高く示されます。
3. 2つの無差別曲線は、通常交わることはありませんが、X財、Y財のいずれかが特殊なケースの財の場合、交わることもあります。
4. 無差別曲線は、通常、原点に対し凸の形状で、これは限界代替率逓減の法則が成立することが示されるからです。

（地方上級　改題）

【解説】
1. ×　右下がりになるのは、X財の消費量が減少すると、Y財の消費量を増加させることによって、効用水準を一定に保つ必要があるためです。
2. ×　無差別曲線は原点から遠いほど高い効用が示されます。

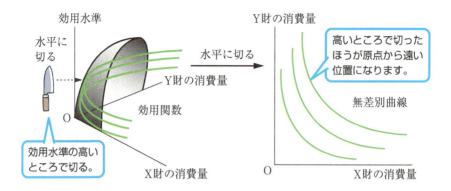

3. ×　いかなる財でも無差別曲線は交わりません。

4. ○　無差別曲線は原点に対し凸形状なので、限界代替率は逓減し、限界代替率逓減の法則が成立します。

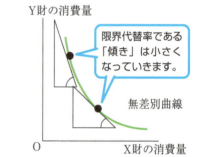

したがって、**4 が正解**。

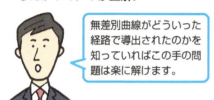

4 最適な消費量の決定

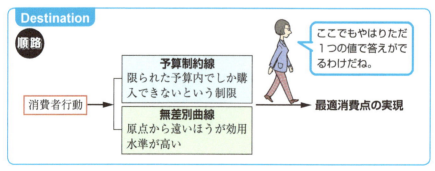

これまで学んだツールを使って、効用が最大になるような消費量を求めます。

プロセス1　最適消費点をみいだす

予算制約線と無差別曲線が出揃ったので、これらをツールに効用が最大になるような消費量を決定します。

まず、適当に無差別曲線を用意します。無差別曲線は何本でも書くことはできるので、下図においてランダムに準備をしてどの線が最適な状態になるのか、どこが最適消費点になるのかを考察してみましょう。

①無差別曲線 U_3 の場合、効用が最も高い水準である K 点を最適消費点として選択するべきですが、この無差別曲線 U_3 は予算制約線の外にあるので選択することができません。

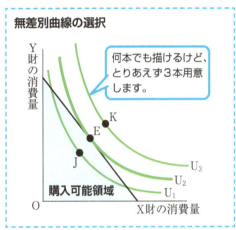

※無差別曲線を U（use、utility）という記号で表しています。

②無差別曲線 U_1 の場合、J 点のような最適消費点では購入可能ではあるものの、予算は使い切った方が効率的なので、U_1 よりもっと高い位置の無差別曲線を選択するべきでしょう。

③上記のような過程を経て、最終的に無差別曲線 U_2 が選択され、予算制約内で最も原点から遠い位置にある最適消費点 E 点で均衡することになります。

プロセス2　効用最大の均衡条件

最後に、E で実現された最適消費点をどのように明示させるのかを説明します。この均衡点の状況では、ちょうど予算制約線と無差別曲線が一点で接しているので、いい換えれば、予算制約線と無差別曲線の「**傾きが等しくなっている**」と説明できます。

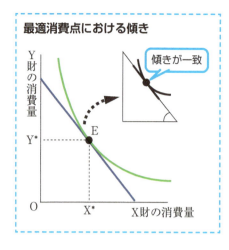

左の図をみると、E 点が唯一、2 つのグラフの傾きが一致している場所なので、無差別曲線の傾きである限界代替率と予算制約線の傾きである価格比が一致している点が最適消費点（均衡点）になります。

Key Point

効用最大の消費量の均衡式

無差別曲線の傾き　　予算制約線の傾き
（限界代替率）　　　　（価格比）

$$-\frac{\Delta Y}{\Delta X} = \frac{P_X}{P_Y}$$

　効用最大の消費量の均衡式より、効用が最大になる消費量は、X 財の消費量は X*、Y 財の消費量は Y* で決定します。

抽象的過ぎて何を求めようとしていたのか忘れるところだった。

A さんが買い物に行ってどれくらい購入するか？　という論点だけど、経済学ではこんな抽象的な作業をするということですね。結論は、X 財を X*個、Y 財を Y*個購入するということなんだ。

　この Unit では、均衡条件とか均衡式といった「均衡」という言葉が登場していますが、経済学では頻繁にこの「均衡」という言葉を使います。均衡というのは、文字通り「釣り合い」のことで、現在、与えられている条件のもとで、最終的に特定の状態に落ち着く「バランス」がとれた状態になっている状況なのです。ただし、その均衡点は最初に定めた予算や価格が変更されれば、それに応じて新しい均衡点に変更されます。

確認問題

右図で示されたものは、あるX財の無差別曲線Uと予算線（右下がりの直線）です。均衡点E点についての次の記述のうち、妥当なものはどれですか。

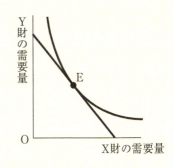

1. E点では、X財、Y財の限界効用が最大になっています。
2. E点では、Y財のX財に対する限界代替率は、X財とY財の価格比に等しくなっています。
3. 無差別曲線と予算線の接点Eでは、限界代替率＝1になります。
4. E点ばかりでなく無差別曲線上では、いずれの点でも限界代替率は一定になります。

（地方上級　改題）

【解説】

最適消費点では、限界代替率と価格比が等しくなります。

したがって、**正解は 2**。

Unit 16 完全競争市場
政策担当者は何を基準に政策を打ち立てているのだろうか？

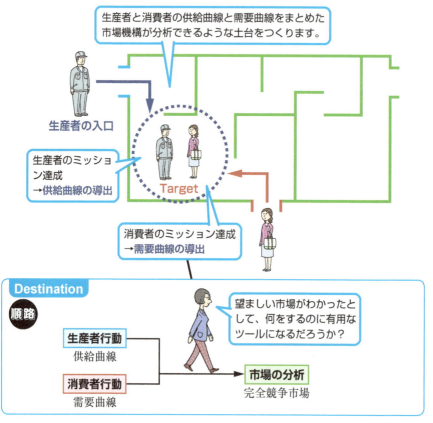

　Unit 16の説明を始める前に、必要となる前提のエッセンスだけを簡単にまとめておきます。これまでのUnitでは生産者行動と消費者行動から、それぞれ利潤最大化、効用最大化といった合理的行動として私利を追求するという議論をしてきました。とくに、経済学では参加者はよりよい社会を築くために行動するのではなく、あくまで利己的に活動するのです。経済学の父とよばれる**アダム・スミス**によれば、消費者や生産者が自己の利益だけを考えて行動するだけで、需要と供給のバラ

ンスが自動的に調整されることを、「**神の見えざる手**」と主張しました。そして、市場の力が働き、価格が伸縮的にコントロールされ、望ましい市場がいつの間にか構築されるメカニズムを1776年に刊行した『諸国民の富』のなかで示しました。

つまり、利潤最大化、効用最大化といった私利の追求は、望ましい市場を構築するために表裏一体の関係と考えました。このUnitでは、そうした望ましい市場についてさらに説明を加えていきます。その市場の分析で必要となるツールが市場需要曲線と市場供給曲線です。これらの導出から説明します。

神の見えざる手!?

1 個別需要曲線・市場需要曲線の導出

まず、前Unitで学習した最適消費点から個別の需要曲線の導出をします。個別というのは、Aさんの需要曲線、Bさんの需要曲線といった特定の消費者の需要曲線です。

プロセス1　「価格の変化」を表現する

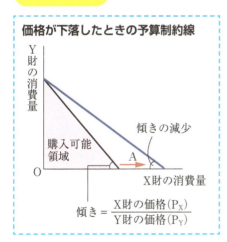
価格が下落したときの予算制約線
傾き $= \dfrac{X財の価格(P_X)}{Y財の価格(P_Y)}$

消費者行動において、市場で決定される価格の変化は予算制約線の「**傾きの変化**」として表現されます。

予算制約線の傾きは、価格比になっています。つまり、X財の価格（P_X）の下落した場合は、分子が小さくなるので価格比（傾き）は小さくなり、予算制約線は右側へシフト（Aの矢印へ）すると考えられます。

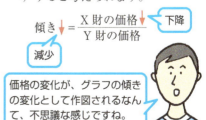
傾き↓ $= \dfrac{X財の価格↓}{Y財の価格}$　下降
減少

価格の変化が、グラフの傾きの変化として作図されるなんて、不思議な感じですね。

X財の価格が下がれば、X財の購入量が増えます。その状況をグラフで示すと、傾きの減少として表され、これは購入可能領域を拡大させことになります。

Unit 16　政策担当者は何を基準に政策を打ち立てているのだろうか？　**165**

プロセス2　価格の下落と価格の上昇

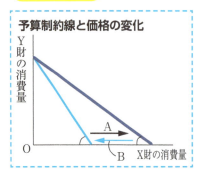

予算制約線と価格の変化

X財の価格の下落はAのシフトをしますが、逆に、X財の価格が上昇した場合、Bのシフトになります。これは、X財の価格が上昇した場合、価格比の分子が上昇するので分数自体も大きくなるためです。

$$傾き \uparrow = \frac{X財の価格 \uparrow}{Y財の価格}$$

X財の価格の上昇はX財の購入量の減少であり、傾きの増加により予算制約線の左シフトによって購入可能領域を縮小させることになります。

プロセス3　最適消費点の変更

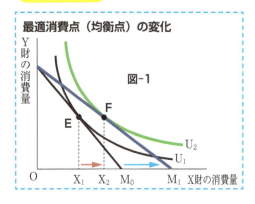

最適消費点（均衡点）の変化

図-1　最適消費点の変化

次に、価格が変化した場合、最適消費点がどのように移動するのかを説明します（ここでは、X財をリンゴとして例示します）。

① $M_0 \longrightarrow M_1$

①X財の価格が下落した場合、予算制約線はM_0からM_1へシフトします（リンゴの価格が下がったので、リンゴを以前より多く買うことができます。これは予算が増えたことと同じ意味になります）。

② $U_1 \longrightarrow U_2$

②購入可能領域は拡大するので、以前より高い位置にある無差別曲線U_2を選択することができます（リンゴの需要量を増やすことができるので、満足度は高まり、効用水準は増加します）。

③ ●E ⟶ ●F

③予算制約線と無差別曲線が接する最適消費点はE点からF点に移行します。

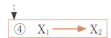

④この予算制約線のシフトによって、X財の消費量が拡大したことが判明します（X財については、X_1 から X_2 へ需要量が増加しています。つまり、リンゴの購入量が増える！　ということです）。

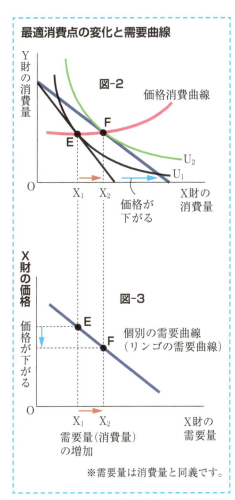

図-2　価格消費曲線

E点とF点という最適消費点を結んだ曲線を**価格消費曲線**とよびます。通常、価格消費曲線は、右方向になります。これは、価格が下がれば消費量が増加するという「**需要の法則**」が成立するからです。

> **需要の法則**
>
> 価格が下がる → 需要量が増加する

図-3　個別の需要曲線の導出

最後に需要曲線を導出していきます。

図-3のように、今度のグラフは縦軸をX財の価格とします。価格の下落と需要量（消費量）の関係を表した場合、右下がりの需要曲線を描くことができます（ある消費者のリンゴの需要曲線は右下がりになるということです）。

> 需要の法則が成立する場合、需要曲線は右下がりになります。

最初の頃に学習した需要曲線がこんなまわりくどい手法で表されるんですね。

プロセス4　市場需要曲線の導出

　市場全体を分析するにあたって、プロセス-3で導出した個人の需要曲線を市場需要曲線にグレード・アップさせます。これは、市場に参加している消費者の需要曲線も**水平和**させることによって導出されます。

　たとえば、リンゴの市場に2人の消費者が参加していて、それはAさん、Bさんだとします。Aさんも、Bさんも市場で与えられた価格にしたがって、効用最大の需要量を決定しています（市場価格はP_0とします）。

　ここで個人の需要曲線は個々のリンゴの選好によって異なった傾きになっています（価格が下がれば、どれだけリンゴの消費量が増加するのかは個人差があります）。市場価格をもとに、Aさんの需要量とBさんの需要量を水平に足し合わせたものとして**市場需要曲線**が導出されることになります。

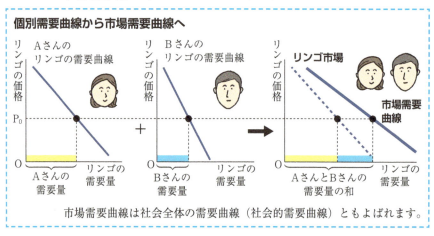

市場需要曲線は社会全体の需要曲線（社会的需要曲線）ともよばれます。

価格は動かせないから、市場価格の水準で横に水平に足し合わされるんですね。

2　市場供給曲線

　同様に、市場全体の供給曲線（**市場供給曲線**）の導出に関しても、Unit 14で導出した個別の生産者の供給曲線（限界費用曲線）を水平に加えたものとなります。
　リンゴの市場には、生産者がC社とD社の2社しかいないとし、また、各生産者

は、市場で決定された価格水準 P_0 にしたがって利潤最大の生産量を決定していると仮定します。

リンゴの生産者であるC社とD社の2社の個別の供給曲線を下図のように水平に足し合わせて市場の供給曲線が導出されます。

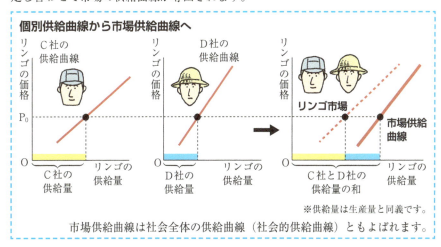

個別供給曲線から市場供給曲線へ

※供給量は生産量と同義です。

市場供給曲線は社会全体の供給曲線（社会的供給曲線）ともよばれます。

3 完全競争市場

消費者行動から導出された市場需要曲線と生産者行動で導出した市場供給曲線を1つの図のなかに描きます。そこでは価格調整メカニズムが機能し、市場の力で財の価格が決定されることになります。

その状況は、まず、価格水準が P_1 の水準では超過需要が発生し、価格を引き上げます。

また、価格水準が P_2 の水準では超過供給が発生し価格を引き下げます。

このような価格調整メカニズムを通じて価格は P_0 に決定します。（Unit 04 参照）

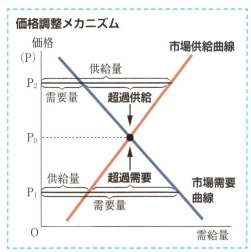

価格調整メカニズム

市場を扱った問題では、通常、「需要曲線」「供給曲線」といえば、この「市場需要曲線」「市場供給曲線」を表します。つまり、市場参加者すべてが含まれた状態です。

　このように市場が価格を決定するような力を持っている場合は、一般に競争市場とよばれていますが、この競争市場を2つに分類します。

　まず1つは完全競争市場というものであり、以下の4つの条件がすべて満たされたものです。本書のここまでの説明は、すべてこの条件が満たされた**完全競争市場**を前提していました。また、この4つの条件のうち、1つでも満たされない場合は**不完全競争市場**といいます。

完全競争市場における4つの条件
(1) プライス・テイカー（価格受容者）
　市場に参加している消費者と生産者は、市場で決定される価格を与えられたもの（価格受容者であり、価格を決定できないか価格に与える影響が極めて小さい）として行動します。一物一価とも表現されます。
(2) 多数の需要者と供給者の存在
　市場には多数の消費者と生産者がいて、それらの参加者は自由に参入・退出できます。たとえば、超過利潤が発生している生産者が存在すれば、その超過利潤がなくなるまで新規の企業が参入すると考えられます。
(3) 財の同質性
　完全競争市場では、そこで扱われる財はすべて同質であると考えます。たとえば、ハンバーガーといっても少しでも味付けが違えば同質ではなくなります。財が同質であるためには、サンマや工業製品のネジ等などのようにおおよそ個々の財に差がない場合を想定します。
(4) 情報の完全性
　売り手と買い手には情報が完全に通じていて、買い手は常にもっとも安く販売している売り手の存在の情報を入手していて、すぐにそこに買いに行くことも可能です。

　完全競争市場の条件が満たされた市場がミクロ経済学がめざすもっとも効率的な市場です。つまり、需要と供給が一致して過不足なく資源が利用されています。こうした背景から、政策担当者が政策を考えるうえで、この市場がもっとも**規範的**で

望ましい市場として、この条件のいずれかを達成させるような競争を促進させる政策が実現されます。

たとえば、次のような例をあげてみます。

加工食品
材料表示を義務化して消費者に情報提供すると、競争の促進につながります。

工業製品
JIS規格などの標準化、統一規格、互換性を確保することによって、工業製品の公平性を維持させます。これは、条件のなかでの財の同質性に該当します。

対面販売
販売にあたっては売り手と買い手の情報に差が無いように正確な情報提供がなされるよう、商取引の法令などを定められます。

航空やタクシー
すべての業種が競争を促進させるのではなく、航空やタクシーのような輸送業では、規制の撤廃を行う場合でも、安全性確保のため参入規制も継続されます。

産地や原産国、材料表示などの情報提供は消費者が安心して買い物ができますね。

業種によっては、競争を促すことと、安心安全を提供することがトレード・オフ（一方を達成すれば、もう一方は達成できない）になっている場合もありますね。

Key Point

完全競争市場は、多数の需要者（消費者）と供給者（生産者）が存在し、価格は市場で決められています（プライス・テイカー）。また、その市場では財の同質性や情報の完全性の条件も満たされ、もっとも効率的な資源配分が達成された最適な市場になるために、政策を実施するうえでの規範とされます。

確認問題

　完全競争市場において想定される企業として妥当なものはどれですか。

1. 数社が参加しているネットショップにおいて、他店の価格設定をみながら、自己の製品の価格を上下させる企業。
2. 中古車販売のように、売り手のほうが買い手よりも財の品質についての情報をよく知っている財を提供する企業。
3. ラーメン街のように、同じラーメンでも商品の質が異なる企業。
4. 定形のゴミ袋を生産している小規模メーカーのように、市場価格への影響を考慮せずに生産が行う企業。
5. 電力メーカーのように、大型機械の購入で初期投資が大きいが、生産量を増やせば1単位あたりのコストは小さくなっていく企業。

　　　　　　　　　　　　　　　　　　　　　　　　　　　（市役所　改題）

【解説】

1. ×　寡占市場の議論です。
2. ×　売り手と買い手に情報に差がある（経済学では「情報の非対称性」といいます）場合は完全競争市場にはなりません。
3. ×　同じラーメンでも財に同質性がない場合では完全競争市場とはいえません。
4. ○　完全競争市場では、消費者も生産者も価格を決めることはできないプライス・テイカー（価格受容者）として行動します。
5. ×　電力会社は経済学では費用逓減産業とよばれるもので、それは**独占企業**（Unit 17）の一種になります。たしかに地域に電力会社は1社しかないと思い当たるはずです。しかし、割高な独占価格ではなく、じつは、公益企業として政策的に競争市場で決定されるような適正価格を想定し、それに準じて提供されています。覚えておくとよいでしょう。

　以上より、**4が正解**です。

Unit 17 独占企業はどのように価格を決定するのか?

むやみに高額設定はできないのです!

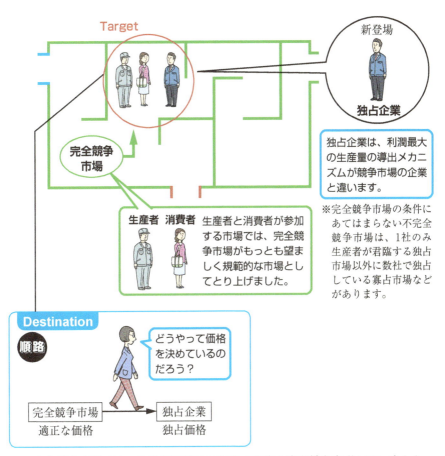

　完全競争市場では、生産者は適正な価格で最適な取引量を実現していました。それと同じ財をもし独占企業が販売したらどうなるでしょう? 不完全競争市場における独占企業はとくに悪だくみがあるわけではなく、競争企業と同様に合理的行動として価格と生産量を決定しています。それがどうして競争市場の場合よりも価格が高くなってしまうのか? このUnitでつきとめていきます。

新聞によると「B社の販売は他事業者の参入を著しく困難にしていて、独禁法違反疑い」とている。

そうかー、やはり、高い価格設定が行われていたんだね。

1 独占企業の収入

　独占企業というのは、市場に1社しかないので、自ら価格を決定する**プライス・メイカー**（価格支配力を持つ）として行動します。また、その市場においては他社の参入は認められない、または参入しようとしても参入障壁*が極めて高いものになります。

　もちろん、完全競争市場の条件にあてはまらないのですが、価格の設定に関していくらでも高い価格にすれば儲かるというわけではなく、もっとも利潤が大きくなるような生産のポイントを1点で定めることになります。

*参入障壁とは、免許などの参入規制、知的所有権（特許、著作権）などがあります。

【考え方】
　今の時代では独占企業は身近にはないので、たとえば、ある街でおおよそ地域的な独占をしているラーメン屋をイメージしてみましょう。そうしたラーメン屋はたぶん他店と同じような価格で、高いといってもとても払えないというものではないはずです。

　つまり、地域独占店は、競争原理が働かなくても、高価格を設定してしまうとラーメンが売れなくなり儲けがでないことを知っているので、お客さんがどれくらいのお金を出せるのかを考慮することになります。つまり、ベストの値段はその地域の住民の需要サイドから抽出しなければならないということです。

深夜に地域独占しているようなラーメン店知っています。ちょっと割高感があるけど、深夜だし、まあ相場かなあって思っている。

安すぎて深夜にたくさんのお客さんが来てしまっても商売にならないしね。

100円？ 500円？ 750円？ 900円？

客層次第で値段が決まる！ってことは需要にしたがって価格が決まっていると思われます。

作業-1　需要曲線と収入の関係を考える

まず、このラーメン屋の需要曲線を想定してみましょう。下図のラーメンの需要曲線は価格が下がれば需要量が増大するという一定の法則を示します。これは生産者サイドから見ると、P_1円で売るとQ_1個売れ、P_2円で売るとQ_2個売れ、P_3円で売るとQ_3個売れると読めます。このラーメン屋の受け取る収入はこの価格（P）と需要量（Q）のかけ算から面積で表すことが可能になるのです。

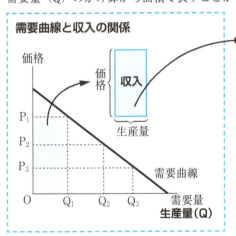

このラーメン屋の需要曲線を考えると、どれくらいの価格でラーメンを提供するのが収入が大きくなるのかを面積で見ることができます。

需要がある分だけ生産するので、横軸の需要量を生産量に置き換えれば、ラーメン屋の収入が求められるはずです。

作業-2　総収入曲線の導出

次に、生産者が需要曲線にしたがって生産した場合、生産量と収入の関係から総収入曲線（TR）を導出していきます。収入は、価格×生産量なので、縦軸の高さ×横軸の長さのかけ算の数字を追跡していくことになります。

すると、生産量を増加させれば収入は大きくなっていきますが、ある水準を境に今度は収入は減少するように作図されることがわかります。

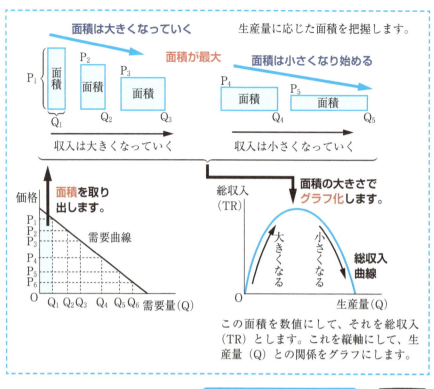

作業-3 売上高最大のポイント

　生産量と収入の関係を抽出することによって、独占企業の総収入曲線（TR）は、右図のようにおわんをひっくり返したような形状になります。

　このもっとも高い箇所で収入最大（売上最大）の生産量を求めることができます。

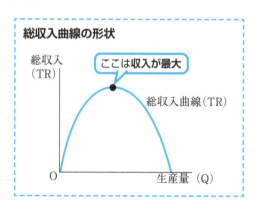

2 独占企業の利潤最大の生産量

独占企業における利潤最大の生産量の決定を説明します。
利潤の求め方は完全競争市場の生産者と同じになります。

利潤＝総収入−総費用

この利潤の計算をグラフ上で行うために、総収入曲線と総費用曲線を1つの画面に作図します。
その際、費用に関しては、完全競争市場と同じものになります。なぜなら、独占企業だからといって費用構成が変化するわけではないからです。
そして、グラフ上では受け取る収入と支払う費用の差がもっとも大きい生産量を利潤最大の生産量として決定することになります。

作業-1　収入と費用のグラフ化

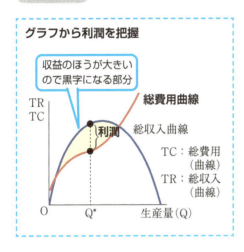

左図のように総費用曲線（TC）を書き入れた場合、**利潤**は、総収入曲線のほうが上位になっているレンズ型のところであって、もっとも膨らんでいるところが利潤最大の生産量（Q^*）です。

※総費用曲線（TC）の導出は、Unit 13 を参照。

利潤最大の生産量と、売上最大の生産量（総収入曲線の真上）は異なりますね。

作業-2　利潤最大のポイント

この収入と費用の差がもっとも大きいところは、定規をあてて無理に計らなくても、総費用曲線（TC）と総収入曲線（TR）の**傾きが同じところ**になるはずです。
そのため、両グラフの傾きをグラフにする作業、すなわち微分を行えば、利潤最大の生産量をもっと明確に見出すことができます。

利潤最大の生産量と傾き

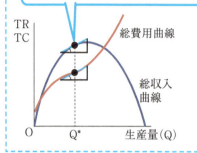

Unit13では利潤最大は傾きが同じ箇所だと説明しましたが、独占企業の場合も同様の手法で求めます。

やはり、経済学は「**傾き**」が重要であって、結局は微分ですね。

作業-3　限界収入曲線の求め方

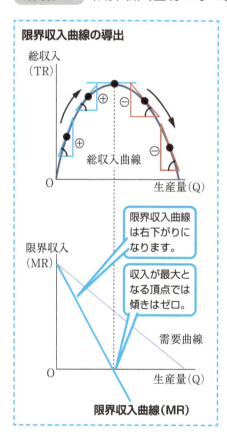

限界収入曲線の導出

限界収入曲線は右下がりになります。

収入が最大となる頂点では傾きはゼロ。

限界収入曲線（MR）

総収入曲線（TR）の接線の傾きを追跡し、その傾きを使って、限界収入曲線（MR）を導出していきます。生産量を1個ずつ増加させていくと、プラスの傾きはだんだん小さくなっていき、頂点では傾きがゼロ、その後はマイナスの傾きが大きくなっていきます。マイナスの傾きが大きくなるので、結局は、傾きの数値はどんどん小さくなっていくと読み取れます。

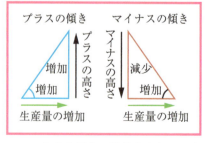

このような傾きの数値をもとに、右下がりの**限界収入曲線（MR）**を導出することができます。

プラスの傾きが小さくなるのも、マイナスの傾きが大きくなるのも、どちらも数字が小さくなるからね。

作業-4 限界収入曲線と需要曲線の関係

限界収入曲線のグラフの傾きが、需要曲線の傾きとどのような関係をもっているのかを次の例題の計算式から読み取っていきましょう。

例題

ある独占企業が直面している需要曲線が $P = -2D + 10$ のとき、限界収入曲線（MR）を示してください。　　　　　　　　　P：価格　D：需要量

需要量と生産量は一致するので需要量Dを生産量のQとおきます。

$P = -2Q + 10$　…①

総収入は、価格(P)×生産量(Q)なので、

総収入(TR) = $(-2Q + 10) \times Q = -2Q^2 + 10Q$、となります。

この総収入曲線を微分したものが、限界収入曲線なので、

限界収入(MR) = $(TR)' = (-2Q^2 + 10Q)'$
$= -2 \times 2 \times Q^{2-1} + 10 \times 1 \times Q^{1-1}$
$= -4Q + 10$　…②　になります。

需要曲線と限界収入曲線の関係は、①、②を見ればわかるように、傾きが2倍になるという法則があることが判明します。

需要曲線：　　　P = $-2Q$ + 10
　　　　　　　　↓ 傾き2倍
限界収入曲線：MR = $-4Q$ + 10

Key Point

独占企業の限界収入曲線は
需要曲線の傾きを2倍にする

作業-5　利潤最大の生産量と価格の決定

利潤最大の生産量の決定

> 利潤最大、つまり、総収入曲線と総費用曲線の差額がもっとも大きくなっている箇所は傾きが等しいので、微分した限界費用曲線と限界収入曲線の交点（E）となり、生産量 Q^* が決定します。

総収入曲線と総費用曲線の傾きが同じところは微分すると交点になります。

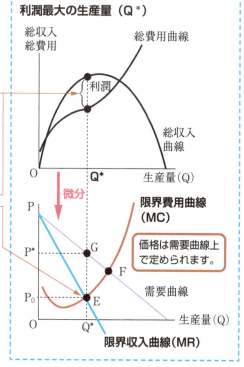

次に、生産量（Q^*）から垂直の位置にある需要曲線上にあるG点にポイントを定めます。（このG点を**クールノーの点**といいます。）この生産量に対応する**独占価格 P^*** を決定します。

完全競争市場の生産量では $MC = MR = P_0$ になりますが、独占企業は $MC = MR < P^*$ となっていることがわかります。

Key Point

利潤最大の均衡条件
　　限界費用（MC）＝限界収入（MR）

> 限界費用曲線が供給曲線になるから、**完全競争市場では需要曲線＝供給曲線のF点で生産されることになります。** つまり、独占企業は生産量も過小で、価格も高い設定になります。

確認問題

独占企業の生産する財について、需要と総費用曲線が次のように与えられています。

需要曲線：$D = -\dfrac{1}{2}P + 16$

総費用関数：$TC = Q^2 + 2Q$

このとき、独占価格はいくらになりますか。（P：価格、D：需要量、Q：生産量）

1. 20　　**2.** 21　　**3.** 22　　**4.** 23　　**5.** 24

（国家Ⅱ種　改題）

【解説】

プロセス１　需要曲線DをQ生産量Qに揃え、需要曲線P＝〜の形にします。

$D = -\dfrac{1}{2}P + 16$

↓

$Q = -\dfrac{1}{2}P + 16$　（需要量Dを生産量Qにします。）

↓

$P = 32 - 2Q$　（「P＝〜」の形にします。）

> このP＝〜に書き換えるのって絶対に見落としてはならない計算ですね！

プロセス２　限界収入と限界費用を求めます。

①限界収入（MR）を求めます。

需要曲線の傾きを2倍にして、限界収入曲線が描かれます。

需要曲線

$P = 32 - 2Q$

↓傾き2倍

限界収入曲線

$MR = 32 - 4Q$

> Qの前の数字を2倍します！

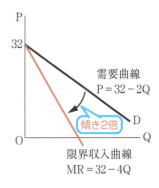

②限界費用も求めます。

総費用関数：$TC = Q^2 + 2Q$

↓生産量（Q）で微分します

限界費用（MC）

$MC = (TC)'$

$$MC = (TC)' = 1 \times 2 \times Q^{2-1} + 2 \times 1 \times Q^{1-1}$$
$$= 2Q + 2$$

プロセス3　利潤最大の生産量を求めます。

さらに、限界費用(MC)＝限界収入(MR)によって利潤最大の生産量を決定します。

利潤最大の生産量（X*）均衡条件より、

限界費用　　　限界収入
MC = 2Q + 2　　MR = 32 − 4Q

連立方程式より

2Q + 2 = 32 − 4Q

6Q = 30

Q = 5

生産量（Q*）は5になります。

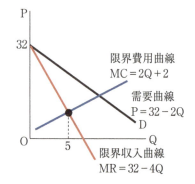

プロセス4　価格を求めます。

生産量が決まると、それに応じて需要曲線上の点（クールノーの点）で価格が決定します。

需要曲線上で価格が決まるのです。

生産量5を需要曲線 P = 32 − 2Q に代入して価格（P）を求めます。

P = 32 − 2 × 5

P = 22

したがって、**3 が正解**です。

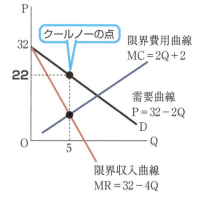

経済学の計算問題って、理論がわかっているかどうかを試すために、計算問題を間接的に使っているだけなんだよね。

確かに理論と計算の手順が一致していますね。

Unit 18 税金の力で環境問題を解決します！

どうして有料ゴミ袋は地域によって値段の差があるのか？

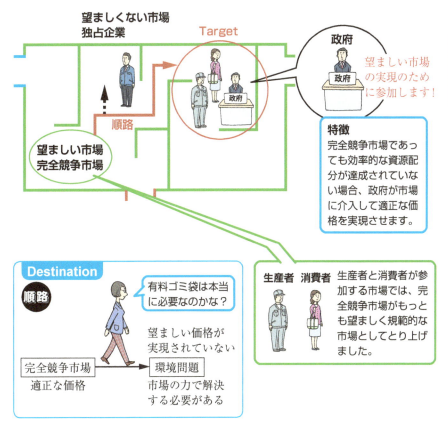

これまでの学習で考察したように競争市場であれば需給が一致するような適正な価格が市場の力で決められます。しかし、完全競争市場であるにもかかわらず資源配分に失敗してしまうケースがあります（**市場の失敗**とよばれます）。その例としてとり上げられるものが環境問題です。このような場合に、政府が市場への介入が必要となり、それによって市場を効率化させることになります。

環境問題の対策の一環として、有料レジ袋の普及とともに2000年代の後半から

マイバック運動が盛んになりました。たしかに、有料の袋を消費者に買ってもらうことそのものが環境問題にどれほど寄与するのかは判断が難しいですが、わずか数円の有料レジ袋に対して有料のゴミ袋はもっと高い設定がされていることや、自治体によって価格差があることに疑問を持つ人もいるでしょう。

このUnitではこの有料レジ袋、有料ゴミ袋と環境問題に関して経済学の手法で分析していきます。

1 共有地の悲劇

有料ゴミ袋の考え方を含めて、環境問題をとり上げるとき、これまでとは異なった視点が必要になります。なぜなら、「環境」という世界には価格の設定がなく、市場を通さないで消費や生産がされてしまうからです。環境を通して見知らぬ第三者から影響を受ける場合があり、それを**外部効果**（**外部性**）といいます。

この外部効果には、受け取ったものがよい影響を与えた場合を**外部経済**（正の外部性）、よくない影響を与えた場合には**外部不経済**（負の外部性）といいます。

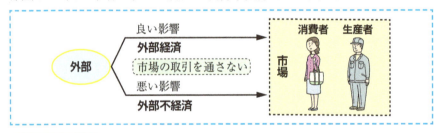

プロセス1 外部不経済として環境問題の考え方

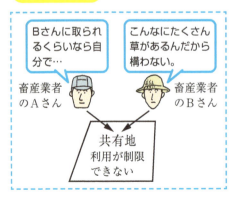

市場原理が働かない外部効果が発生した場合におきる例として**共有地の悲劇**というものがあります。これは次のようなストーリーです。畜産業者のAさんもBさんも同じ共有地の草原で牛を放牧している場合、Aさんは餌となる草はたくさんあるからもっと牛を増やしてもいいだろうと思うでしょう。

一方、BさんはAさんにたくさん草を取られるくらいなら自分で取ってしまおうと、牛を増やし続けることになります。結局、牛が増えすぎて草は食いつくされ共有地は荒れ果て、お互いが大きな損害をうけることになるでしょう。これが共有地の悲劇です。

　共有地は、その使いすぎの量がひとりひとりではわずかな量であっても全体としては大きな使い過ぎになってしまい共有資源は使い尽くされてしまいます。環境問題の多くはこの共有地の悲劇にあてはまります。

　解決する方法は、**市場原理にあてはめる手法**が取られます。それを**内部化**といいます。

プロセス2　解決策を考える

　共有できるもので価格がないものや価格が適正でないもの（たとえば、休日1000円の高速道路は価格が適正でないために大渋滞となり本来の機能を果たせません）は、その運用がずさんになります。その共有地を誰かの所有物にして管理させるのも1つの手段ですが、経済学ではおもに政府が介入して政策的に内部化が行なわれるケースがとり上げられます。

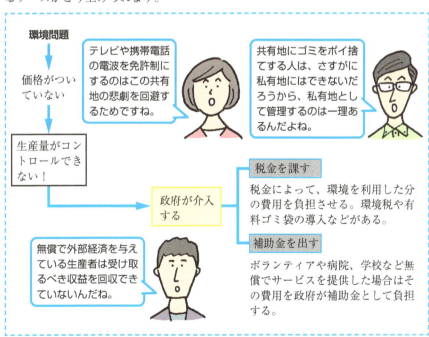

Unit 18　税金の力で環境問題を解決します！

2 有料レジ袋、有料ゴミ袋

ごく日常的なゴミの分別や出し方についてその問題点を考えてみましょう。個人のゴミに対する意識が社会へのどのように影響するでしょう。

個人A	社会
ゴミは分別しないでレジ袋に入れて集積所に出した場合、ほとんど労力は必要としません。	分別されていない場合、住民Aさん以外の誰かがゴミ処理を行うことになるでしょう。住民Aさん1人分なら経費はわずかですが、地域全体となると膨大な処理費用がかかります。問題はその費用は誰が負担するべきかということです。それを曖昧にすると大きな問題へとつながる可能性があります。

個人B	社会
ゴミは分別して有料ゴミ袋に入れて集積所に出した場合、個人のコストがかさんできます。	有料ゴミ袋によってゴミ処理費用が回収されています。 ゴミ袋が有料である背景を考えてみましょう。 生産者がつくるものは、その製造にかかる費用のみで、市場価格にはそこから**発生するゴミの処理費用が含まれていない**ことが問題なのです。 つまり、ゴミ処理費用を除いた分、低い価格になって需要され、それが原因で大量に生産され、公害の原因となるのです。

有料レジ袋、有料ゴミ袋について

値段は 安い

有料レジ袋 — これは、袋そのものの価格（買わなくても構わない）

値段は 高い

有料ゴミ袋 — 袋そのものの価格ではなく、公害処理費用が含まれた価格設定
↓
ゴミ袋を買ってその人の消費財における適正な対価となる

レジ袋って、生活のなかでもいろいろな用途で使えますよね！

ゴミ袋の料金も自治体によって、さまざまです。1人暮らしが多い地域や回収に費用がかかる地域など高コストも予想されますからね。

　このような背景から、公害をなくすため、社会的な費用を削減するためにゴミを分別し、ゴミ処理費用を拠出する必要があります。そのため、税金（一律ではなく有料ゴミ袋などで従量制）を導入して間接的に支払うことによって、価格メカニズムを通じて効率的な資源配分が達成されると考えられます。

3 外部不経済の内部化政策

　ここから経済理論に有料ゴミ袋の政策をあてはめていきます。生産者が市場に供給している財には公害処理費用を含んでいません。そこで、市場分析を行う際には、財に公害費用を含まない**私的費用**と公害処理費用を含んだ**社会的費用**の2つを想定する必要があります（それぞれ別の供給曲線になります）。

当然ながら、スーパーで売っているものには、公害処理費用なんて含まれていませんね。

製造コストのみ

私的費用　　　　　**社会的費用**
公害処理費用を　　　公害処理費用を
含んでいない　　　　含んでいる

図-1　公害の発生時

　次の図においてリンゴの価格が1個あたり100円で生産量は X_0 で販売されていたとします。しかし、公害処理費用に1個10円かかるとするとリンゴの価格はもっと高くなり、それに対応する X_1 の生産量が望ましい水準になるのです。「望ましい」というのは製造コストだけでなく公害処理費用も回収されているということです。
　つまり、現行の私的費用をもとにした100円でリンゴを生産した場合は、1個あたり公害処理費用10円が未回収であり、低価格なため生産量 X_0 は**過大生産**になってしまうのです。これが公害の原因になるのです。

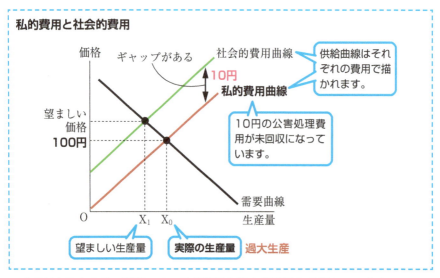

政府が介入する前の段階では、私的費用と社会的費用が乖離しています。

図-2 政府の介入

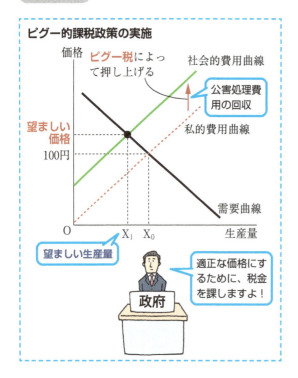

　私的費用と社会的費用の乖離を政府は税金を課すことによって解消しようとします。税金は生産者にとって**費用の上乗せ**なので私的費用は課税分をひき上げられ、社会的費用と一致させられることになります。

　これは、考案者の名前をとって**ピグー的課税政策**とよばれ、左図では生産量 X_0 に対して、10 円の**ピグー税**が課せられます。これによって、外部不経済を内部化し、適正な価格と生産量（X_1）を実現するのです。

Key Point

競争市場であっても、外部効果が発生している場合には、ピグー的課税政策によって私的費用と社会的費用を一致させ、効率的な資源配分を達成させます。

このピグー的課税政策は経済理論上のもので、財の生産者に課税しますが、実際に用いられているそれを流用した例が有料ゴミ袋の採用です。これは市場原理を利用するものであり、次のような効果が考えられます。

従量制を採用し、有料ゴミ袋には複数の種類を設定し、量が少ないほど消費者の負担を軽減させれば、ゴミを減らそうというインセンティブが働くことになります。

採用される政策は、住んでいる自治体の財政状態に影響されそうですね。

有料ゴミ袋のように「従量制」は使ったら使った分だけ料金を支払うことで、無料や一律の税金にするより、抑制力が働きますね。

確認問題

公害（外部不経済）が発生している場合、その被害を受けた企業の被害額はどの面積になるでしょうか。

1. 四角形 ACDF
2. 四角形 ACEF
3. 三角形 BCE
4. 四角形 BCDE

（地方上級　改題）

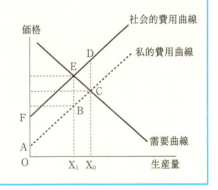

【解説】

外部不経済が発生している場合、生産量は私的費用曲線に対応した X_0 でありその水準は、社会的費用に対応した望ましい生産量 X_1 よりも過大になっています。

そして、被害額はこの生産量を基準に、私的費用と社会的費用のギャップに対応した分の価格に対応した大きさになります。つまり、問題文でいう「被害額」というのは回収されていない公害処理費用になります。

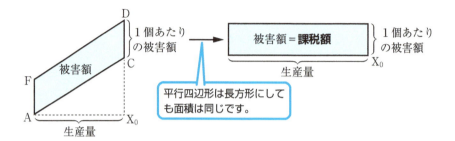

企業の被害額＝課税額＝四角形 ACDF になります。生産者がひき起こした公害の除去費用として生産者へ課税することによってそのコストを回収します（製品1個あたりの税額はDCの高さになり、それを生産量X_0に掛け算することによって平行四辺形 ACDF の面積を求めることになります）。

正解は 1 です。

Unit 19 自由貿易はなかなか難しい
海外から安い輸入品が入ってきたら？

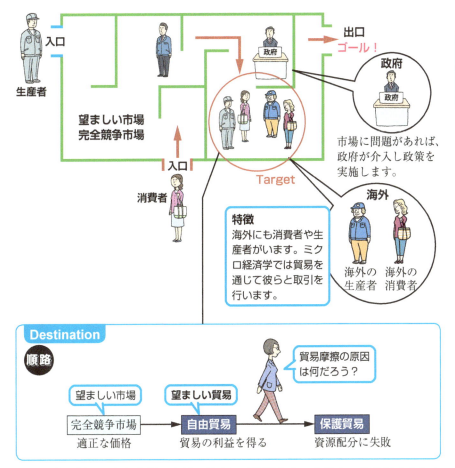

　ここまで扱ってきた市場の分析の論点に「**海外**」という新しい出場者を入れます。これは、海外の消費者や生産者のことで、輸出や輸入といった取引である貿易を通じて関係をもつことになります。

　国内のみの余剰分析では競争市場がもっとも効率的な資源配分が達成できまし

た。同様に、国際貿易においても自由貿易を実施すれば両国にとって利益が獲得できるはずです。しかし、自由貿易は常に両手をあげて歓迎されるとは限りません。たとえば、安い農産物が入ってくると、国内の生産者は大打撃を受けます。そのため、政府は生産者を保護するような政策を行うでしょう。そのことがさらに二次的な問題をひき起こしてしまうのです。このシナリオについて早速、経済学的思考に仕立てていきます。

日中貿易摩擦が起きていると思ったら、今度は米中貿易摩擦が起きている！

なんだか1年中、貿易の問題が話題になっていますね。

1 自由貿易と保護貿易

状況1　鎖国（貿易前）の総余剰

このUnitでは、これまで学習した競争市場の状況を、**自給自足の経済（鎖国）**の状況として置き換えます。つまり、この場合は完全競争市場の余剰分析と同じもので、国内のみの需要と供給にしたがって国内価格（P_1）が決定されます。

総余剰は右図のように消費者余剰、生産者余剰を足し合わせたものとして表されます。

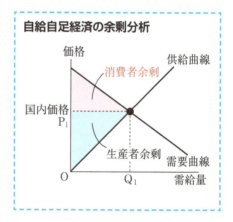

自給自足経済の余剰分析

状況2　貿易の開始

鎖国の状態が撤廃され自由貿易が開始されたとします。国内価格（P_1）よりも国際価格（P_2）のほうが低い場合、その価格水準で需要と供給される数量の差だけ輸入されることになります。

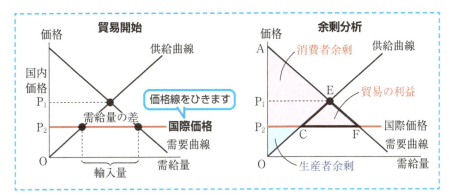

安い国際価格の商品が入ってくると、その価格で生産できる国内の生産者は少ないから、その数量の差が輸入量というわけです。

自由貿易で消費者余剰がでかくなる！

　輸入によって△ECFの**貿易の利益**（貿易前よりも拡大した余剰分）を得ることができるため、貿易前より総余剰は大きくなり、自由貿易が社会にとって望ましいことが判断できます。

　しかし、その内訳は、海外から安い財が国内へ入り込むことによって消費者は余剰を増大させたものです。逆に、国内の競争業者である生産者は余剰を減少させてしまっていることに気付くはずです。

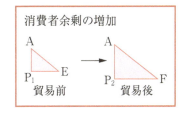

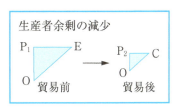

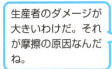
生産者のダメージが大きいわけだ。それが摩擦の原因なんだね。

状況3　関税政策の実施

　政府は、国内の生産者を保護するために、保護貿易政策として輸入を制限する**関税政策**を実施したとします。輸入品1個あたりT円の関税が課せられると、国際価格（P_2）で売られていたものは関税額だけ上昇しP_3になります。

Unit 19　海外から安い輸入品が入ってきたら？　193

状況4 輸入量の減少

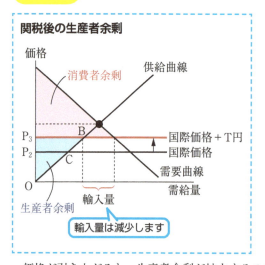

関税によって、価格は P_3 で取引され、輸入量は減少します。そのため消費者余剰は自由貿易よりも減少し、逆に生産者余剰は増加します。

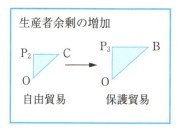

価格が引き上がると、生産者余剰が拡大するので、関税を実施する目的が達成されます。

しかし、この状態で詳しく余剰分析を行うと問題が発生していることが次のグラフで明らかになります。

2 関税実施後の総余剰

次に、関税後の総余剰の面積について考察していきます。関税の実施によって、消費者余剰、生産者余剰のほかに政府の取り分である関税収入が加わります。

状況5 余剰分析

関税収入
　輸入品1個あたりの関税額
輸入量

関税政策を実施した場合の関税額（政府の関税収入）は、1個あたりの税額（T円）に輸入量をかけ算したものになります。

関税収入は政府の余剰なので総余剰に加算することになります。したがって、下図において、関税後の総余剰は、消費者余剰 △AP_3F ＋生産者余剰 △OBP_3 ＋関税収入 □BHJF です。

ここで、課税前の余剰と課税後の余剰と比較すると、△BCH＋△FJG の分だけ減少していることが判明します。この2つの面積が**厚生の損失**であり、この結果、保護貿易政策は効率的資源配分が達成されないことがわかります。

つまり、保護貿易政策は望ましい政策ではなく、経済学上では、自由貿易に移行すべきことが余剰分析上で判断できるのです。

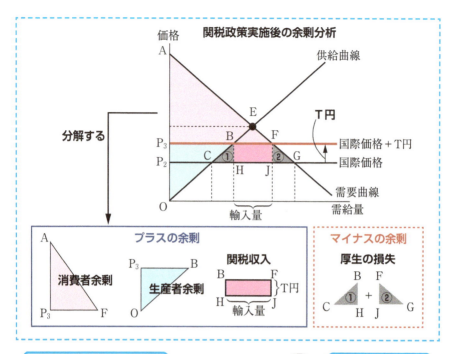

関税収入＝輸入量×1個あたりの関税額（T円）です。税金は消費者や生産者に使われるからプラスの余剰としてカウントされます。

結局は、厚生の損失が発生しているから非効率な状態になっちゃうんだね。

Key Point

　保護貿易政策の実施は、生産者余剰の増加をもたらしますが、厚生の損失を生みだすために資源配分に失敗します。

確認問題

下図はある小国における A 財の需要曲線と供給曲線を示したものです。自由貿易における A 財の国際価格が OP_0 である場合、P_0P_1 の輸入関税が課せられたときの輸入量と経済厚生の減少分の組み合わせとして正しいものはどれですか（輸入関税による税収は国民に再配分されます）。

	輸入量	経済厚生の減少分
1.	OX_1	$P_1O_0DB + ABC$
2.	OX_1	$P_1P_0DB + BEFC$
3.	OX_1	P_1P_0GC
4.	X_0X_1	$BDE + CFG$
5.	X_0X_1	$BEFC$

（地方上級　改題）

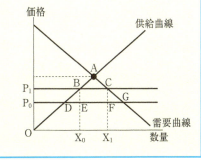

【解説】

問題は保護貿易政策として関税を課した後の状況なので、国際価格（P_0）に関税分を足した価格 P_1 をもとに余剰分析を行います。

輸入量は国内での需要量と供給量の差である X_0X_1 です。また、自由貿易を行った場合よりも減少した余剰は、三角形 $BDE + CFG$ の 2 つの面積になります。

したがって、**4 が正解**です。

関税のグラフの問題はパターン化されているので解きやすいです。

索引

数字・アルファベット

AC　132

AFC　134

AVC　134

Average Cost　132

C　97

Cost　97

FC　120

Fixed Cost　120

Internet of Things　21

IoT　21

M　98

Marginal　98

Marginal Cost　123

Marginal Revenue　124

MC　98, 123

MR　99, 124, 178

P　124

Price　117

Q　119

Quantity　117

TC　119

Total Cost　119

Total Revenue　119

TR　119

Variable Cost　120

VC　120

Δ　101

あ

アダム・スミス　164

インセンティブ　4

か

海外　191

外部経済　184

外部効果　184

外部性　184

外部不経済　184

価格　124

価格支配者　54

価格受容者　52, 170

価格消費曲線　167

価格弾力性　77, 93

価格の差別化　79

価格の変化　165

価格（の）比　153

寡占市場　89

過大生産　187

傾き　97

傾きの変化　165

可変費用　120

神の見えざる手　165

関税政策　193

完全競争市場　170

機会費用　5

企業分割　55

企業閉鎖点　143

規模の経済　29

供給曲線　42, 67

供給曲線の傾き　68

供給の法則　42

競争市場　47, 52

共有地の悲劇　184

均衡価格　44

均衡需給量　44

均衡点　44, 162

クールノーの点　180

グラフの傾き　133

激安航空券　15

限界　98

限界収入　124

限界収入曲線　99, 124, 178

限界代替率　157

限界代替率逓減の法則　158

限界費用　17

限界費用曲線　98, 123

原点からの傾き　133

厚生の損失　55, 195

交点　105

購入可能領域　151

効用関数　154

効用最大化行動　148

合理的行動　40

国際価格　193

国際分業　10, 13

国内価格　192

コスト　5, 15

固定費用　28, 120

さ

財　39

財市場　39

最小値　105

最大値　105

最適（な）消費点　161

鎖国　11, 192

差別化　79

差別価格戦略　79

サンクコスト　21

参入障壁　174

シェアリングエコノミーサービス　10

死荷重　55

自給自足　11

自給自足の経済 192
市場 39
市場供給曲線 168
市場原理 47
市場需要曲線 168
市場の失敗 183
市場の力 43, 47
次善の策 3
私的費用 187
社会的費用 187
社会的余剰 53
収入 119
需要曲線 41, 75
需要の価格弾力性 77
需要の法則 41, 167
勝者の呪い 57
消費者 38
消費者余剰 53
情報の非対称性 172
所得 39
水平和 168
スケールメリット 29
スマイルカーブ 30
スマホ 85
生活必需品 73
静観 93
生産者 38
生産者余剰 53
生産物市場 39
生産要素市場 39
生産量 119
製品（の）差別化 84, 88
接線の傾き 123, 133
接点 106
選択肢 2
操業停止点 130, 142
総収入 119

総収入曲線 121
総費用 119
総費用曲線 120
総余剰 53
ソシャゲ 19, 85
損益分岐点 17, 129, 139
損益分岐点価格 139

た・な

代替関係 61
代替財 61
代替品 61
多角化 33
短期 86
短期均衡 86
弾力性 78
超過供給 46
超過需要 45
長期 86
長期均衡 86
追随 93
逓減 18
デルタ 101
独占価格 180
独占企業 54
独占的競争企業 84
トレードオフ 3
内部化 185

は

範囲の経済 32
比較優位 12
ピグー税 188
ピグー的課税対策 188
微分 96, 107
費用 5, 15, 97, 119
費用曲線 18

不完全競争市場 170
プライス・テイカー 52, 170
プライス・メイカー 54, 174
分業 11
平均可変費用 134
平均固定費用 104, 134
平均費用 16, 102, 132
平均費用曲線 132
変化分 100
貿易 11
貿易の利益 193
補完関係 62
補完財 62

ま

マーケット 39
埋没費用 21
埋没費用の呪縛 21
無差別 156
無差別曲線 156
茂木式攻略三角形 100, 132, 151, 159
モジュラー型製品 30

や

輸出 11
余暇時間 103
予算制約 149
予算制約線 150
余剰分析 52, 195

ら

利潤 116, 177
利潤最大の生産量 116, 123, 177
労働市場 39

著者紹介

茂木 喜久雄（もぎ きくお）

1965 年、北海道生まれ。早稲田大学大学院修了。大手公務員指導校などでの経済学の指導、米国リテイラーを経て独立。著書に『らくらくミクロ経済学入門』、『らくらくマクロ経済学入門』（いずれも週刊住宅新聞社、のちに洋泉社より新版刊行）などがある。

経済学の情報はインターネットで、著者主宰のホームページをご利用ください。

＜茂木経済塾＞
「経済学」に関する解説や試験情報などの発信基地です。
http://www.mogijuku.com/

＜経済学の杜＞
公務員試験の情報を中心とするブログです。
http://oshie.com/　　　（おしえコム）

NDC331　　207p　　21cm

絵でわかるシリーズ
絵でわかるミクロ経済学（けいざいがく）

2018 年 9 月 21 日　第 1 刷発行

著　者　茂木喜久雄（もぎきくお）
発行者　渡瀬昌彦
発行所　株式会社　講談社
　　　　〒 112-8001　東京都文京区音羽 2-12-21
　　　　　　　販売　(03)5395-4415
　　　　　　　業務　(03)5395-3615

編　集　株式会社　講談社サイエンティフィク
　　　　代表　矢吹俊吉
　　　　〒 162-0825　東京都新宿区神楽坂 2-14　ノービィビル
　　　　　　　編集　(03)3235-3701

本文データ制作　美研プリンティング　株式会社
カバー・表紙印刷　豊国印刷　株式会社
本文印刷・製本　株式会社　講談社

落丁本・乱丁本は、購入書店名を明記のうえ、講談社業務宛にお送りください。送料小社負担にてお取替えします。なお、この本の内容についてのお問い合わせは、講談社サイエンティフィク宛にお願いいたします。定価はカバーに表示してあります。

Ⓒ Kikuo Mogi, 2018

本書のコピー、スキャン、デジタル化等の無断複製は著作権法上での例外を除き禁じられています。本書を代行業者等の第三者に依頼してスキャンやデジタル化することはたとえ個人や家庭内の利用でも著作権法違反です。

JCOPY〈(社)出版者著作権管理機構　委託出版物〉

複写される場合は、その都度事前に(社)出版者著作権管理機構（電話 03-3513-6969、FAX 03-3513-6979、e-mail：info@jcopy.or.jp）の許諾を得てください。

Printed in Japan

ISBN 978-4-06-513055-1